旁观式教育

易小宛◎著

广西科学技术出版社
·南宁·

图书在版编目（CIP）数据

旁观式教育 / 易小宛著 . -- 南宁：广西科学技术出版社，
2025. 1. -- ISBN 978-7-5551-2321-7

Ⅰ . G78

中国国家版本馆 CIP 数据核字第 2024K10G83 号

PANGGUAN SHI JIAOYU
旁观式教育
易小宛　著

策　　划：许　许
责任编辑：朱　燕　　　　　　责任校对：郑松慧
美术编辑：鼎　道　　　　　　责任印制：王　刚　陆　弟
内文插图：小　类　　　　　　封面设计：仙　境

出版人：岑　刚　　　　　　　出版发行：广西科学技术出版社
社　　址：广西南宁市东葛路 66 号　　邮政编码：530023
网　　址：http://www.gxkjs.com　　编辑部电话：0771-5786242

经　　销：全国各地新华书店
印　　刷：运河（唐山）印务有限公司
地　　址：唐山市芦台经济开发区农业总公司三社区　　邮政编码：530007
开　　本：880mm × 1230mm　　32 开
字　　数：150 千字　　　　　　印　　张：6.25
版　　次：2025 年 1 月第 1 版　　印　　次：2025 年 1 月第 1 次印刷
书　　号：ISBN 978-7-5551-2321-7
定　　价：48.00 元

前　言

　　在孩子的世界，家长常常站在幕后，像一名旁观者，默默地注视着他们。或许，在这无声的注视中，我们应当重新定义"旁观式教育"——不再是被动地观看，而是成为孩子生命舞台上的织梦人，帮助他们实现自我成长和一个个梦想。

　　在孩子的成长道路上，家长的角色至关重要。传统的旁观式教育往往被误解为"袖手旁观"，然而，随着时代的变迁和教育理念的更新，家长开始意识到，他们需要重新定义这种似乎已然过时的教育方式。现代旁观式教育不再仅仅意味着家长从远处观望，而是在尊重孩子独立性的同时，以更为睿智和更为细腻的方式参与到孩子的学习和生活中。

　　旁观式教育是一种全新的教育模式，它强调家长的参与和支持，同时尊重孩子的独立性和自主性。通过这样的方式，家长不仅能够帮助孩子发展适应未来社会所需的各种能力，还能在彼此间形成更深的理解，从而建立起更为和谐的亲子关系。

　　旁观式教育的核心在于平衡。家长要学会在参与与放手之间找到一个恰当的平衡点。过度干预会剥夺孩子解决问题的机会，而完全放任则可能导致孩子对未来感到迷茫和无助。因此，家长需要学会适时地介入，给予孩子必要的指导和支持，同时留给孩子足够的空间去探索、犯错，并从中有所收获。

旁观式教育要求家长具备观察力和洞察力。家长要细心，观察孩子在社交、学习和情感发展上的微妙变化。通过观察，家长可以更好地理解孩子的需求，及时发现其潜在的问题，并提供有针对性的帮助。这种基于观察的支持，更为精准和有效。

旁观式教育强调引导而非强制。家长应该成为孩子成长路上的引路人，而不是命令的发布者。通过提问而非告诉、讨论而非命令，家长可以激发孩子的思考，培养他们的批判性思维和独立解决问题的能力。这种方式不仅有助于孩子形成自己的观点，还能增强他们的自信心和责任感。

旁观式教育鼓励家长和孩子共同成长。在这个过程中，家长不仅是教育者，也是学习者。他们需要不断学习新的教育理念和方法，以适应不断变化的社会和技术环境。这种共同成长的过程，不仅加深了家长与孩子之间的关系，也营造了一个持续学习和进步的氛围。

旁观式教育并非一种被动的教养方式，而是一种积极参与、智慧引导的教育策略。家长需要不断地学习和适应，以便更好地支持孩子的成长。本书重新定义旁观式教育，旨在帮助家长培养有能力、适应未来社会的孩子，从而建立起和谐的亲子关系。

作为家长，我们要始终敞开心扉，学习新的教育理念。我们要像一面镜子，反照出孩子身上的亮点和需要改进的地方，但绝不是用我们的期望来塑造他们的形象。我们要像一束温柔的阳光，给予孩子温暖而不是炙热，让他们在光照中找到自己的影子，并勇敢地与之共舞。

易小宛

目 录

第一章

--- 旁观式教育 ---

新时代的教育革新

全新的教育视角：旁观式教育

旁观式教育，并非放任自流的不作为，而是对传统教育模式的一次深思与革新。它让家长更像是果园里的园丁，不再对果树一枝枝修剪，而是给予树木足够的空间，让其按照自己的本性去享受阳光和雨露，同时在旁边静静地守护，随时准备引导它们抵御风雨、治愈创伤。

作为旁观者，家长不应只是静静地看着孩子挣扎或迷失，而是要像山谷中的回声，用自己的经验和智慧回应他们的呼唤，帮助他们找到前进的方向。我们的目光要如同灯塔一般，不直接引领航船，而是让孩子透过光的引导，在人生的海洋中找到属于自己的航道。

在这个过程中，我们需要重新定义"成功"的标准。不是每一个孩子都必须攀登同一座高峰，这是因为巅峰各不相同，每个人的成功都独一无二。我们要鼓励孩子发现那些属于他们自己的山峰，并为之不懈努力。我们的角色就是站在不远处，在给予孩子信心的同时，也给予他们自由。

家长不仅要将指导、引导落实到位，还要培养孩子独立学习的习惯。不是家长管理孩子的学习，而是让孩子自己去管理学习——不仅仅是学习的方方面面，还有生活上的方方面面，关键是学会自主管理。家长要做的只是用旁观的方式引导孩子，帮助孩子形成独立的意识。

要激发孩子的内在动力，关键在于满足他们内心的三大渴望——自主、胜任与联结。

只有当孩子感受到自主选择的权利、体验到胜任的成就感并与他人建立起深厚的情感联结时，他们的内在动能才会被激发，从而实现从"被动"到"主动"的华丽转身。

旁观式教育要求家长首先要放下自己的焦虑情绪，在旁指导，不要把事情的结果提前告诉孩子，应该让孩子去体验、探索，一点一点地在这个过程中收获成长；不要认为自己是家长，说话就可以专制，要求孩子都要听自己的，要以朋友的身份和孩子相处。从培养亲子关系的这个角度来说，旁观式教育旨在让家长更多地变成孩子的朋友，让家长都能理解和尊重孩子的想法。旁观式教育的特点就是给孩子多保留一些自己成长的空间，让"旁观"发挥其不可或缺的价值。想要更好地把握这个原则，家长就要扩大"旁观"的范畴，从而让孩子有机会真正地面对自己在成长过程中所遇到的各种麻烦。

家长还要把握好旁观式教育的"度"。要明白，我们教育孩子，应该是想方设法地拉近与他们的距离，而不是千方百计地把他们推远。但是也要把握好旁观的分界线和时机，避免陷入对孩子溺爱、过分关怀和包办代替的误区。

重新定义旁观式教育，就是要理解每个孩子内心的音乐是一首首不同的旋律：有的孩子需要的是激昂的交响乐，他们在这样的节奏中才能展现出最好的自己；而有的孩子可能更适合平静的小夜曲，他们在宁静中才能细腻地触摸到生活的美好……家长要学会聆听这些不同的音乐，而不是将孩子和其他孩子置于同一旋律之下。

让孩子在体验中感受、在决策中成长，让掌控权回归孩子自身，这样，他们才能拥有自发的动力去探索世界，才能在人生的旷野中更好地追求自己的梦想。

1. 智慧旁观，发现孩子的艺术天赋

小 A 是一个内向的孩子，平时喜欢独自涂鸦。他的父母在旁观中发现，小 A 在画画时总是全神贯注，且作品中展现了独特的色彩感和创意。于是，他们决定不再简单地旁观，而是通过提供画材、报名参加美术班等方式，鼓励小 A 发展自己的兴趣。结果，小 A 不仅在绘画上取得了显著的进步，还在学校的艺术展览中斩获了奖项。

家长要学会"智慧旁观"。这意味着家长需要保持对孩子活动的敏感性和洞察力，而不是简单地站在一旁。通过观察，家长可以了解孩子的兴趣点、强项和改进空间，从而提供更有针对性的支持。智慧旁观还包括对孩子的非言语信号保持敏感，如肢体语言和表情

等，这些都能给我们提供关于孩子内心世界的线索。

2. 隐性支持，引导孩子学会自我管理

小 C 经常因为拖延症而错过交作业的截止日期，学习成绩不佳。她的父母意识到需要改变对小 C 的教育方式，便开始尝试隐形支持的方法。他们没有直接帮助小 C 完成作业，而是帮助她学会如何制订计划、设定目标和管理时间。通过这种旁观式的支持，小 C 逐渐学会了自我管理，成绩也有了明显的提升。

家长应该成为"隐形的支持者"。在孩子面临挑战时，家长要鼓励孩子独立思考和尝试，千万不要急于插手帮他们解决问题。家长可以提供必要的资源和建议，但应让孩子自己作出决定并承担后果。这种方式有助于培养孩子的自我效能感和解决问题的能力。

3. 适时介入，帮助孩子克服学习难关

小 D 在数学学习上遇到了困难，成绩一落千丈。他的父亲在旁观了一段时间之后，发现小 D 对学习数学失去了信心，于是，他选择在小 D 感到迷茫和沮丧时适时介入。父亲通过与小 D 一起解决数学问题、讨论数学的方式，成功地激发起了小 D 对数学的兴趣。随着时间的推移，小 D 不仅克服了学习困难，还参加了数学竞赛并取得了好成绩。

家长要懂得"适时介入"。在孩子需要帮助或遇到困难时，家长应该及时出现，给予其情感上的支持和实际上的帮助。这种介入

是基于对孩子需求的理解和尊重，而不是简单的控制或命令。适时介入不仅能够缓解孩子的压力，还能使家长与孩子之间的信任关系更加牢固。

4. 共同学习，与孩子一起成长

小 F 的父母意识到，要想更好地支持女儿的成长，他们自己也需要不断学习和进步。于是，他们开始与小 F 一起学习新的知识和技能，如外语、编程等。这个共同学习的过程不仅拉近了他们之间的关系，还让全家人都在学习和成长中找到了乐趣。

家长要与孩子"共同学习"。在重新定义"旁观式教育"的过程中，家长需要不断学习和更新自己的教育理念和方法，包括了解最新的教育趋势、学习如何更好地与孩子沟通和理解孩子的心理。通过与孩子的共同学习，家长不仅能够更好地支持孩子的成长，还能够增进与孩子之间的情感。

重新定义旁观式教育，是一个涉及智慧旁观、隐性支持、适时介入和共同学习的过程。这种方法要求家长在尊重孩子独立性的同时，还要以一种更为积极、更为智慧的方式参与到孩子的成长当中。

观察为主、引导为辅：逐步培养孩子的自律和毅力

在千帆竞发、百舸争流的时代洪流中，家庭教育如同一只承载着孩子未来的小船，在波涛汹涌的大海中航行。那么，应如何引领这只小船驶向理想的彼岸？

答案是：以观察为主、引导为辅，实现家庭教育的目标。

这是一种看似简单、实则深邃的教育智慧。它要求我们像一个经验丰富的舵手，用慧眼洞察孩子的内心世界，用智慧为其指引方向，引领他们成长。

在孩子的成长过程中，自律和毅力是两种非常重要的品质。

在孩子心灵的庭院里，自律和毅力如同两株坚韧的树木，需要我们精心培育，方能生根发芽，进而成为支撑孩子成长的坚实脊梁。培养孩子的自律和毅力，就像是对孩子内在力量的一种呼唤，让他们学会在风霜雨雪中屹立不倒，并拥有无畏前行的勇气。

自律，是一个内在的花园，其中盛开着责任感、条理性和自我管理的花朵。要使园中的花儿茁壮生长，我们必须像园丁一样，用

恒心和耐心除去杂草，为土壤施肥。家长自身应成为时间的守护者、秩序的践行者，以身作则教会孩子如何规划生活、如何约束欲望、如何坚持每日的学习与劳作。

培养毅力，是一条蜿蜒崎岖的道路，不仅需要铺满坚持和勇气，还点缀着挫折和痛苦。在这条道路上，我们的角色是引导者和鼓励者，而非答案的提供者。当孩子在挑战面前气馁时，我们不应替他们承担重负，而应站在他们身旁，像一支点燃的火炬，在黑暗中给予其光明，温暖他们的心房，激励他们再次站起、继续前行。

培养孩子的自律和毅力，就像是将一块未经雕琢的玉石交给他们，让他们自己探索如何将玉石打磨成一件美丽的艺术品。在这个过程中，他们或许会遇到困难、会感到疲惫，甚至会想要放弃。但正是每一次克服、每一次坚持，让这些经历成为他们人生宝贵的财富。

观察，是家庭教育的起点。家长是孩子最初也是最长久的观察者。从孩子稚嫩的第一声啼哭，到他们蹒跚学步的第一个脚印，再到他们在学习和生活中的种种表现，家长的眼中都充满了关注和期待。然而，观察并非简单地看，而是一种深入骨髓的理解。它要求我们在平凡的日常中，发现孩子的兴趣所在，捕捉他们的情感变化，理解他们的思维方式，从而为正确地引导他们奠定坚实的基础。

观察是了解孩子的第一步。每个孩子都是独一无二的个体，他们有着自己的性格、兴趣和需求。通过细致的观察，家长可以发现孩子的优点和特长，也可以察觉到他们的困惑和挑战。这种观察不是简单的监视，而是一种充满爱意和耐心的陪伴。它要求家长放慢脚步，与孩子保持同一频率，从而更好地理解孩子的世界。

引导，是家庭教育的关键。如果说观察是收集信息的过程，那么引导就是信息加工和信息应用的艺术。引导不是强制、不是命令，而是一种潜移默化的影响。它需要家长根据观察到的信息，设计合适的教育策略，提供恰当的学习资源，为孩子创造有利的成长环境。更重要的是，家长引导时要尊重孩子的个性和选择，让他们在自我探索的过程中找到自己的兴趣和方向，形成独立的人格和判断力。

引导是建立在观察基础之上的。当通过观察了解到孩子的真实情况后，家长就可以根据孩子的个性和需求提供恰当的引导了。这种引导不是强制性的命令，而是像春风化雨般潜移默化的影响。它可能是一次深入的对话、一个鼓励的眼神，或者是一次共同参与的活动。这样的引导能够激发孩子的内在动力，帮助他们建立自信，学会独立思考和解决问题。

以观察为主的教育方法还能够帮助家长发现孩子的潜在问题。在孩子每个行为的背后，往往隐藏着他们的某些情感和心理状态。家长如果能够敏锐地捕捉到这些信号，就能及时调整教育策略，帮助孩子克服困难，避免问题的恶化。

当家长展现出对孩子的关注和理解时，孩子更愿意敞开心扉，与家长分享他们的想法和感受。这种沟通不仅能够加深彼此的了解，还能够建立起一种基于信任和尊重的亲子关系。

小 A 上学经常迟到，作业不交，上课走神，成绩也不理想。

老师对他的行为感到头疼，于是把情况告诉了他的妈妈。但他的妈妈并没有急于批评或惩罚小 A，而是采取一种不同的方式来处理这个问题。

首先，妈妈开始仔细观察孩子的行为模式，包括他何时拖延、写作业在什么情况下走神，以及他在家都做了些什么。她没有立即对孩子进行任何言语上的引导，而是耐心地记录和分析。经过一段时间的观察，她发现了一些规律：孩子似乎对某些科目特别感兴趣，而对其他科目则显得漠不关心；孩子在周末活动中表现出色，但在写作业时则显得消沉。

有了这些观察信息，妈妈开始尝试引导小 A。她首先与他进行了一次深入的谈话，了解他的兴趣爱好和学习上的困难。随后，她鼓励小 A 将课外活动中产生的热情转移到学习上来，并为他制订了一个个性化的学习计划。她还与小 A 的爸爸沟通，提出要共同为小 A 创造一个更有支持力度的环境。

随着时间的推移，小 A 的进步开始显现。他迟到的次数减少了，上课的注意力也有所提高。更重要的是，他开始对学习产生兴趣，成绩也逐渐提升。

通过观察，家长能了解孩子的真实情况和需求；通过引导，家长可以帮助孩了找到适合自己的学习方式和动力。事实说明，无论是教育孩子、管理团队，还是处理日常生活中的问题，家长都要先从观察开始。观察可以帮助家长更好地理解对方的行为和需求，从而提供更为精准和有效的引导。在这个过程中，家长需要保持耐心和开放的心态，不断学习和调整自己的引导策略。

这种以观察为主、引导为辅的方法，是一种既能够尊重孩子个性，又能够有效促进孩子全面发展的育儿策略。在这个过程中，家长不仅是孩子的引路人，更是他们成长路上的伙伴。这种育儿策略要求家长具备耐心、细心和智慧，通过观察来了解孩子、通过引导来支持孩子，最终帮助孩子健康、快乐地成长。它需要家长用心观察，智慧引导，不断学习和适应，由此最终实现教育的目标。

通过细致的观察和恰当的引导，家长可以帮助孩子在生活的点点滴滴中学会自我管理，使他们在面对挑战时不轻言放弃。这样的教育方式，不仅能够培养孩子的自律和毅力，还能激发他们内心的力量，让他们慢慢成为独立、坚强和有韧性的人。

让我们陪伴孩子们进行这场奇妙的旅行吧，看着他们如何在自律与毅力的滋养下成长为一棵棵参天大树。这样的孩子，将会带着一颗坚韧不屈的心，勇敢地迎接生活中的每一个清晨和黄昏。

尊重孩子的个性和兴趣，相信孩子的能力

在这个五彩斑斓的世界里，每个孩子都是一朵独特的花儿，他们有着各自的色彩和香气。然而，传统的教育模式往往试图将这些花儿"修剪"成整齐划一的模样。在这样的背景下，尊重孩子的个性和兴趣显得尤为重要。

作为家长，我们的任务不是要求孩子成长为我们所期望的模样，而是要学会尊重他们独特的个性和兴趣，给予他们成长的空间和支持。

在生命的长河中，我们的孩子如同一叶叶初出港口的小舟，对未知世界充满了好奇。作为他们的守护者，我们要相信这一叶叶小舟有着劈风斩浪的能力，必须给予他们足够的信任和支持，让他们自信地扬帆远航。

想象一下，孩子们的心灵若是一片汪洋大海，那么我们的信任便像是那海上的东风，将他们的帆篷鼓起，引领他们前进。我们的信任不是盲目的，而应像灯塔一样，基于对他们潜力的认识和理解，

照亮他们成长的道路，使他们不惧黑暗、不畏浪涛。

尊重孩子的个性，意味着家长要认识到每个孩子都有其独特的性格以及思维、行为方式。我们不能简单地将他们套入成人所设定的框架中，期望他们按照一个统一的模式成长。

他们拥有自己的梦想、爱好和特长，就像一颗颗璀璨的星星，闪耀着属于自己的光芒。然而，这些星光是否能够持续闪耀，很大程度上取决于作为家长的我们能否给予他们足够的尊重和支持。

尊重孩子的个性和兴趣，就像是在星空下播撒希望的种子。家长需要用爱心和智慧去浇灌，耐心地等待，最终这些种子将成长为独一无二、色彩斑斓的花朵。

兴趣是孩子内心世界的灯塔，它能够指引他们发现自己的潜力和追求。家长应该观察孩子在日常生活中的表现，如发现他们对某项活动是否特别投入、在某个领域是否展现了异常的才华。一旦确定了孩子的兴趣所在，家长应该尽可能地提供资源和机会，鼓励他们深入探索和实践。

兴趣，是孩子探索世界的动力源泉，它能够激发孩子的好奇心，驱使他们去发现、去创造、去学习。当孩子对某件事情充满热情时，他们的潜能就会得到最大的发挥。因此，家长应该鼓励孩子去追求自己的兴趣，而不是强迫他们放弃或者忽视自己的兴趣。

每个孩子有着不同的性格特点、兴趣爱好和学习方式。作为家长和教育者，我们不能期望所有孩子都按照同一个模式成长；相反，我们应该尊重孩子的差异性，给予他们足够的自由空间，让他们在自己擅长和感兴趣的领域中自由地探索和成长。

我们要关注孩子的需求和想法。通过与孩子的交流，我们可以了解他们对什么感兴趣、对什么感到好奇。这种沟通不仅能够增进亲子关系，还能帮助我们更好地理解孩子，从而给我们提供对孩子的更有针对性的支持和引导。

让孩子尽可能多地接触不同的领域，无论是艺术、体育、科学还是文学，他们才能更好地发现自己的兴趣所在；同时，家长也应该鼓励孩子尝试新鲜事物，不断挑战自我，这样他们才能不断地学习和成长。

在这个过程中，家长还需要注意平衡引导与自主选择的关系。过度的干预可能会抑制孩子的个性发展，而完全的自由又可能导致孩子缺乏方向感。因此，家长需要在尊重孩子的选择的同时，适时地给予他们建议和帮助。

家长要像太阳一样，用温暖的光芒照耀孩子的世界，驱散他们的疑惑与恐惧。天空偶尔阴云密布，而家长的支持就是那道穿透云雾的光芒，提醒孩子每一次挫折后都有重获阳光的可能。家长的话语和行动都应传递一个信念——你拥有无限的可能，你值得被赋予最大的信任。

信任是种子，应播撒在孩子心田的每一个角落。这些种子需要家长的鼓励作为养分，需要家长的耐心作为阳光，才能生根发芽，成长为坚强的树木。当我们看到孩子因为我们的信任而挺直腰杆、勇敢尝试时，我们会发现这些种子已经破土而出，开始苗壮成长。

　　尊重孩子的个性和兴趣是一种深刻的爱和智慧。当我们给予孩子成长的自由和空间，他们的内在动力就会被激发，他们的潜能将被释放。这样的教育不仅能够帮助孩子建立自信，还能激发他们对未来的热情和追求。让我们一起翻开孩子心灵的画册，点亮他们兴趣的光芒，陪伴他们成长为独立而充满魅力的个体。

　　每个孩子都是天空中的一颗星星。他们需要的不是统一的园地，而是一片能够自由闪烁的天空。当我们尊重孩子的个性和兴趣时，我们就是在为他们插上翅膀，让他们载着梦想在广阔的天空中自由飞翔。让我们一起努力，为孩子们打造一个充满爱、充满尊重和理解的成长环境，让每一颗星星都能在自己的轨道上尽情闪耀，照亮自己未来的每一步。信任和支持孩子，不是去塑造一座完美无瑕的雕像，而是要像雕塑家一样，创造一件有力量、有韧性、有自我修复能力的艺术品。

注重培养孩子的自主性和创造性

在孩子心灵的画布上，自主性和创造性是最为绚丽的两抹色彩，它们如同夜空中明亮的星辰，指引着孩子成长的航向。培养孩子的自主性和创造性，就是为他们的小宇宙点燃一束永不熄灭的火炬，让他们的思想和行动如风中的风筝，既有方向又充满灵动。

自主性是孩子们心中的火种，它需要我们用信任去滋养，用责任去维持。我们要像林间的向导一样，引领孩子学会掌握自我的内在罗盘，而不是紧紧跟随他人的脚步。我们要鼓励他们自己去做决定，哪怕是选择穿一件衣服，或者是周末要参加什么活动。在这些看似微小的决定中，孩子们学会独立思考、学会承担后果，学会自主的真正涵义。

创造性是孩子灵魂中的翅膀，有了它，他们就能在想象的天空自由翱翔。我们的角色是挖掘者和守护者，一方面发掘孩子潜在的创造天赋，另一方面保护他们飞翔的这片天空不受束缚与偏见的侵害。我们要为孩子们的创意搭建舞台，无论是绘画、编故事，还是解决问题。我们要赞美他们的奇思妙想，哪怕这些奇思妙想看起来是那么不切实际，因为正是这些想法引领着人类走向未知的领域。

在这个培养的过程中，我们是孩子冒险旅程中的伙伴，而非指挥官。当孩子们遇到挑战时，我们不应急于为他们铺平道路，而应激励他们发挥自主的力量，运用创造性的思维探索解决的方案。我们的目标不在于提供给孩子所有的答案，而在于引导他们学会提问，因为问题是创新之母，是通往新世界的钥匙。

小 A 是一个对机械特别感兴趣的孩子。他的父母注意到了这一点，于是并没有像其他家长那样让他参加各种补习班，而是为他提供了一个可以自由探索的空间。他们给他买了一套机械玩具，并鼓励他自己动手组装和改造。

随着时间的推移，小 A 不仅能够熟练地操作这些玩具，还开始尝试用家里的废旧物品来创造自己的小发明。有一次，他利用旧自行车的链条和一些木块制作了一个可以自动行走的小机器人。在这个过程中，小 A 的父母始终给予他足够的自由和支持，从不对他的失败进行批评，而是鼓励他从错误中学习。

这个故事告诉我们，当孩子的兴趣得到尊重和支持时，他们的内在动力就会被激发出来，自主性和创造性也会随之提高。

小 C 从小就对绘画有着浓厚的兴趣。她的老师和家长都注意到了她在美术课上的表现，于是决定让她参加一个儿童绘画比赛。在准备比赛的过程中，小 C 的创造力得到了充分的展现。她不满足于传统的画法，而是尝试将自己对自然的理解融入画作中，创作了一系列色彩斑斓、想象力丰富的作品。

小 C 的作品在比赛中获得了荣誉，她也因此收获了自信和成就感。这个经历不仅锻炼了小 C 的创造性思维，也增强了她面对挑战时的自主能力。

自主性指个体能够自我管理、自我驱动的能力。拥有自主性意味着孩子能够独立完成任务、对自己的行为负责，并有能力做出选择和决定。而创造性则是指创作新颖而有价值的想法、解决方案或产品的能力。这两者是决定孩子未来成不成功的关键因素，也是他们适应快速变化的世界的必备技能。

要培养孩子的自主性，首先需要家长放手。家长应让孩子参与决策的过程，哪怕是日常生活中的小事，如选择午餐的食物或是周末的活动等。通过这种方式，孩子能够学会权衡利弊，做出选择，并敢于承担后果。同时，家长应该鼓励孩子独立完成作业和解决问题，而不是一看到他们遇到困难就立即提供帮助，从而增强孩子的自信心和解决问题的能力。

我们要激发孩子的创造力。创造力是推动社会进步的重要动力，也是决定孩子未来能否成功的关键因素。我们可以从日常生活中的点滴开始，让孩子参与家庭活动，发挥他们的想象力和创造力。例如，让孩子参与家庭的装饰设计，让他们自己动手制作礼物送给亲朋好友等。这样一来，孩子们在创造的过程中，不仅能够锻炼自己的创造力，还能增强自信心。

作为家长，我们总希望孩子们能够充满自信、独立地思考问题，并拥有解决问题的创造力。然而，这些能力的培养并非一蹴而就的，而是需要在日常生活中不断实践和积累的。

在孩子成长的过程中，他们可能会遇到各种困惑和问题。作为家长，我们要耐心倾听孩子的想法，引导他们正确地看待问题，帮助他们找到解决问题的方法；同时，我们还要教育孩子勇于承担责任，让他们明白自己的行为会对自己和他人产生影响。

培养孩子的自主性和创造性是一项长期而细致的工作，这需要家长为孩子创造一个自由、开放、包容的成长环境。只有这样，孩子们才能像小鸟一样，拥有坚实的翅膀，在知识的海洋和未来的世界中自由翱翔。

强调家庭教育的互动性和参与性

在温馨的家庭之中，互动性和参与性如同细腻的丝线，将家庭各个成员紧密编织在一起，从而形成一张充满爱与理解的安全网。注重家庭教育中的互动性和参与性，就是让这张网更加牢固。让家成为孩子成长的港湾，在这里，他们可以自由地探索、学习，并茁壮成长。

互动是一盏明灯，照亮家庭交流的每一个角落。家长与孩子的每一次对话、每一次眼神交流，都如同种下一颗颗情感的种子，它们在耐心和关怀的土壤中生根发芽。家长作为引导者，需要主动打开心扉，像蜜蜂一样在花丛中采集甜美的花蜜，与孩子分享日常的点滴，倾听他们的心声，感受他们的快乐与烦恼。

参与性是家庭教育的韵律，它让每个人都有机会成为家庭歌曲的创作者。家长不仅要鼓励孩子参与家庭的日常事务，如一起做饭、打扫卫生等，还要邀请他们参与到家庭的决策过程中来，无论是家庭旅行的规划，还是周末活动的安排等。这样的参与，能让孩子认识到自己的价值，了解到合作与团队精神的重要性。

在互动的过程中，家长是孩子成长道路上的舞伴，引导他们在生活的舞台上翩翩起舞。家长的每一次微笑、每一次拥抱，都是在教会孩子如何在人生的道路上优雅地迈出每一步。这些示范像是一本无字的书，孩子们通过"阅读"家长的行为，将学会如何去爱、如何去生活。

家长与孩子的每一次细微的互动都如同优美、动听的音符，谱写着孩子成长的动人乐章。家庭教育，不是单向的传授和接受，而是双向的互动与参与。在这个过程中，家长对孩子的每一个微笑、每一次陪伴，都是他们成长过程中不可或缺的重要组成部分。

互动性是家庭教育的灵魂。在传统的家庭教育中，家长往往是教育的主导者，孩子则是被动的接受者。这种单向的教育方式往往容易导致孩子对学习产生抵触情绪，影响学习效果。互动性的家庭教育则强调家长与孩子之间开展平等对话，鼓励孩子积极参与到学习过程中，发挥他们的主观能动性。通过互动，家长可以更好地了解孩子的需求和困惑，从而提供更有针对性的指导意见。这种作用是双向的，不仅包括家长对孩子的教育和引导，也包括孩子对家长的反馈和影响。在这个过程中，家长应该认真倾听孩子的声音，给予他们适当的回应，这样，孩子才能感受到被尊重和理解，从而更愿意与家长分享自己的内心世界。

参与性是家庭教育的动力。在传统的家庭教育中，孩子往往被要求按照家长的意愿去学习，缺乏自主性。这种教育方式容易让孩子产生挫败感，削弱他们的自信心。而参与性的家庭教育则是鼓励孩子根据自己的兴趣和特长去选择学习内容，让他们在学习过程中体验到成功的喜悦。家长不应只是旁观者或者指挥者，而应是孩子成长道路上的伙伴和引导者。无论是学习上的问题，还是生活中的琐事，家长都应该尽可能地参与其中，与孩子一起探索、学习和成长。

在强调家庭教育的互动性和参与性的同时，还需要家长拥有足够的耐心和智慧。在与孩子的互动中，家长要学会放手，允许孩子犯错，给予孩子自我探索和自我修正的机会。同时，家长也要学会适时地介入，给予孩子必要的支持和帮助。

家庭教育的互动性和参与性就像是一出没有彩排的舞台剧，每个人都是主角，每个人的表现都至关重要。在这个过程中，家长和孩子应共同成长、共同进步，共同创造属于彼此的美好回忆。

有一对夫妻，尽管工作繁忙，他们始终坚信家庭教育的核心在于亲子之间的互动性和参与性。

每当周末来临，他们家就会举行一次特别的"家庭日"活动。这一天，没有电视、没有手机，只有家庭成员之间的游戏和对话。他们会和两个孩子一起烘焙蛋糕，并共同装饰蛋糕。每个孩子都能在这个过程中学习到食材的知识、烹饪的技巧及艺术的美感。这不仅仅是一次简单的烹饪活动，还是一堂生动的生活实践课。

在孩子的学习上，夫妻俩也有着独特的方法。孩子的爸爸每天晚上都会抽出时间，和孩子一起阅读。他们会讨论书中的人物、探讨故事的情节，甚至一起模仿书中的对话。这种充满互动性的阅读方式不仅激发了孩子的想象力，也增强了他们的理解力和表达能力。

更令人印象深刻的是，夫妻俩还会定期举行"小小演讲会"。每个孩子都需要准备一个主题，在全家人面前进行演讲。这个活动不仅锻炼了孩子们的公众演讲能力，还培养了他们的自信心和责任感。

家庭教育不是单向的灌输，而是双向的互动。家长的参与不仅能让孩子感受到爱和关注，更能在无形中传递正确的价值观和生活态度。

家庭教育的互动性和参与性不仅能够提升孩子的学习能力，还能够促进家庭成员之间的情感交流，增强家庭的凝聚力。就像一首美妙的乐章，每个音符都需要做到精准与和谐，家庭教育也需要家长真正参与到孩子的生命中，并与他们形成良性的互动。

我们要明白，家庭教育的核心在于亲子关系的建立与维护。这种关系的基础是沟通与理解，而互动性与参与性则是沟通的桥梁。家长还应该成为孩子的朋友，而不仅仅是教导者。在这个角色转换中，我们可以找到多种方式来增强彼此的互动性。

设立家庭游戏时间是一种有效的方法。无论是棋盘游戏、户外运动，还是简单的家庭晚会等，共同参与活动能够让孩子在游戏中学习合作与竞争，同时也让家长更好地了解孩子的兴趣和性格。在这个过程中，家长可以适时地给予孩子指导和鼓励，让孩子感受到成长的乐趣和家庭的温暖。

参与性的提升需要家长的智慧和耐心。家长可以让孩子参与家庭的决策，如讨论周末的家庭活动计划或者家庭预算的分配等，这种参与感会让孩子感到自己的意见被重视，从而培养起责任感和自我价值感；同时，这也是一次对孩子进行民主教育和财务管理教育的绝佳机会。

家长应该鼓励孩子表达自己的想法和感受。在日常对话中，家长可以倾听孩子对学校生活的看法、对朋友的感受，甚至是关乎未来的梦想。这种倾听不仅是家长对孩子言语的回应，也是对他们内心世界的探索。通过这样的互动，家长可以更好地理解孩子的需求，同时也可以教会孩子如何表达和沟通。

家长还可以通过与孩子共读书籍、观看教育节目等方式，和他们一起学习和探讨。这不仅能够帮助孩子增加知识，还能够激发孩子的好奇心和探索欲。在这个过程中，家长的角色是引导者和伙伴，而不是单向的知识传递者。

在家庭温暖的怀抱中，教育应如同细水长流般潜移默化地发生着。然而，如何让这股流淌的水激起涟漪，甚至掀起波浪，成为许多家长思考的问题。今天，就让我们揭开家庭教育中增强互动性和参与性的一些小方法的神秘面纱，共同探索那些能点燃孩子学习热情、增进亲子关系的妙招。

第一招：设立"家庭问答时间"

设立"家庭问答时间"。每晚晚餐后，亲子之间轮流提问和回答。

问题可以是围绕在学校学到的新知识，也可以是对社会热点的思考。这个小小的互动环节，不仅能够增加孩子表达自己观点的机会，还能让家长更好地了解孩子的内心世界。

第二招："共创"家庭记忆墙"

在客厅的一面墙上，贴一张巨大的画纸。每周全家人都要至少找一个时间聚在一起，共同在这张画纸上留下记忆。可以是画画，可以是写字，甚至还可以是贴上一些小物件。这样的一张画纸，不仅可以记录家庭成员的成长轨迹，也会成为家庭成员间情感交流的桥梁。

第三招："角色扮演游戏"

周末的时光，不妨来一场"角色扮演游戏"。每个人先抽签决定自己的角色，然后根据角色设定一天进行的活动。这种方法不仅能让孩子在游戏中学会换位思考，还能在欢声笑语中加深家庭成员之间的理解和尊重。

第四招：发起"家庭挑战赛"

无论是做家务、运动，还是学习，都可以发起一些有趣的挑战赛。比如，看谁能最快完成房间整理，谁能坚持最久不看手机，等等。这些挑战不仅能增加家庭活动的趣味性，还能培养孩子的责任感和自制力。

第五招："亲子共读时光"

选择一本有趣的书籍，每天固定一个时间，全家人一起共读。在这个过程中，大家可以分享自己的阅读感受、讨论人物和情节。这种共读方式，不仅利于提升孩子的阅读能力，还利于培养家庭成员之间的共同话题和情感共鸣。

第六招：实践"小小发明家"

鼓励孩子动手创作简单的小发明或手工艺品。在此过程中，家长可以提供必要的帮助和指导。这不仅能锻炼孩子的动手能力，还能激发他们的创造力和解决问题的能力。

这些小方法，不仅能增加教育的趣味性，而且能加深家庭成员之间的互动性与参与性。在这个过程中，爱与智慧的火花不断迸发，既会照亮孩子成长的道路，也会温暖每个家庭成员的心房。

家庭教育的互动性与参与性是一门艺术，也是一种科学，它需要家长用心设计每一次互动、用爱参与孩子的成长。当我们在家庭这个小小的舞台上，与孩子共同演奏出一篇篇和谐的乐章时，我们不仅为孩子的成长播下了种子，也为自己的生活增添了无尽的乐趣。在这个过程中，我们将与孩子一起学习、一起成长，最终一起达到内心深处那个温暖而明亮的地方——那个充满了爱、信任和理解的地方。

设立"家庭问答时间" 信任

共创"家庭记忆墙" 尊重

"角色扮演游戏" 独立

发起"家庭挑战赛" 合作

"亲子共读时光" 激励

实践"小小发明家" 鼓励

构建亲子家庭良性互动

激发孩子的内在动力：家长必须学会适当放手

在孩子成长的道路上，家长总是扮演着至关重要的角色。我们不仅是孩子的第一任老师，还是孩子人生旅途中的引路人。然而，在这个充满爱与期望的过程中，家长往往会陷入一个过度保护和控制的误区，从而在无意中扼杀了孩子的内在动力。要想激发孩子的潜能，我们必须学会适当放手，让孩子在自我探索中成长，让其内在动力成为他们前进的不竭动力。

在孩子成长的旅途中，有些家长的心常似那不肯松开的弓弦，总怕一松手，孩子会受到风霜雨露的侵袭。然而，家长须知晓，适当地放手，并非放弃，而是爱的另一种形式，是给予孩子自由飞翔的权利，能让他们学会在风中振翅、在雨中坚韧。

放手，就像是将一只精心养育的雏鸟轻轻推向巢外的高空。家长的心中充满忐忑，但更多的是对孩子美好未来的憧憬。看着他们初尝风雨，我们的内心或许难免掠过一丝寒意，却也须知道这是他们成长必经的历程。孩子每一次跌倒与爬起，都是对力量的积累，

是对自我能力的探索和确认。

在每个孩子的心灵深处，都藏着一团熊熊燃烧的火焰，或许是对知识的渴望，或许是对艺术的热爱，又或许是对运动的激情。然而，这股潜能如同未经雕琢的宝石，需要细心发掘与精心培养。家长的使命，便是发现并激发自己孩子的内在动力，让这团火焰成为照亮他们人生之路的明灯。

小 D 的妈妈是一位典型的"直升机家长"，总是时刻盘旋在小 D 的上空，关注他的一举一动。从小学到初中，妈妈几乎参与了小 D 所有的学习和生活决策。然而，随着小 D 步入高中，他开始渴望独立，希望能够自己做决定，哪怕有时做的决定会是错误的。

一次，学校组织了一个科学探究项目，小 D 对一个物理实验产生了浓厚的兴趣，但他的想法并不被妈妈认同。妈妈认为那个实验难度太大，不适合小 D，建议他选择一个更加稳妥的项目。但小 D 坚持自己的想法，两人因此产生了争执。

最终，小 D 的坚持打动了妈妈，妈妈决定放手让他去尝试。虽然在这个过程中遇到了许多困难，但小 D 并没有放弃，他通过查阅资料、咨询老师，甚至自己动手制作实验器材，最终完成了项目，并且获得了老师的高度评价。

这次经历不仅让小 D 收获了成就感，更重要的是，他还从中学会了独立思考和解决问题的能力。而小 D 的妈妈也深刻体会到了适当放手的重要性。她意识到，孩子的成长需要空间，需要自己探索和挑战。家长不能替代孩子做决定，而应在孩子需要的时候给予帮助和鼓励。

家长适当放手，其实是对孩子的一种更深层次的关爱。让孩子有机会去尝试、去犯错、去学习，从而成长为一个有责任感、有能力解决问题的人。当然，放手并不意味着放任，而是在孩子面对选择时，给予他们足够的信任，让他们感受到背后有一股力量在支持自己。

在孩子成长的旅途中，每一个脚印都承载着他们自身的探索与冒险。然而，这段旅程并非只有孩子一人在行走，家长的身影也应常伴左右，时而指引方向，时而默默守护。但是，有一种爱叫作"适时地放手"——让孩子独自面对挑战，并给予他们成长的空间。这是每位家长需要学会的艺术，也是孩子独立成长中不可或缺的养分。

1. 理解放手的意义

放手并不意味着放弃或漠视，而是一种更深层次的信任与支持，它代表着家长对孩子能力的认可、对孩子自主性的尊重。通过放手，孩子可以学会管理自我、承担后果、解决问题，并最终形成独立的人格；通过放手，家长赋予了孩子一双翅膀，让他们有勇气飞向更广阔的天空。适当放手，意味着给予孩子足够的自由空间。孩子们天生拥有探索世界的好奇心，他们对新鲜事物往往充满兴趣，渴望通过自己的双手去触摸、去感受。家长们应该尊重孩子的这种天性，而不是用成年人的眼光和标准去限制他们的行动。当孩子对画画产生兴趣时，不妨让他们尽情地涂鸦，哪怕那些画作不尽完美；当孩子想要自己穿衣时，尽管他们可能会穿得歪七扭八，但这正是他们学习独立的开始……通过这些看似微不足道的尝试，孩子的内在动力会得到滋养，他们的自信心和解决问题的能力也会悄然增长。

2. 识别放手的时机

适当放手还体现在对孩子选择的尊重上。每个人都有自己的兴趣和擅长的领域，孩子也不例外。家长应该鼓励孩子根据自己的喜好选择活动，而不是强迫他们走上家长认为正确的道路。当孩子对音乐、舞蹈、体育等表现出浓厚的兴趣时，家长应该支持他们去尝试、去体验，即使有些时候并不符合家长原本的期望。这样的尊重能够让孩子感受到自己被重视和被理解，更能够激发他们追求梦想的热情，让他们在未来的道路上变得更加坚定和自信。

家长在孩子成长的不同阶段应采取不同的"放手策略"。当孩子展现求知的欲望、希望尝试接触新事物时，便是家长放手的好时机。无论是学习骑自行车、自己完成家庭作业，还是参与社会实践，每一次尝试都是孩子建立自信心的基石。家长要敏锐地察觉这些时刻，鼓励孩子勇敢地迈出每一步。

3. 培养孩子的自我管理能力

放手之前，家长需要确保孩子具备基本的自我管理能力，包括时间管理、情绪调节、决策制定等。家长可以通过与他们共同商讨解决方案、引导孩子进行决策等方式，帮助孩子逐步掌握这些重要技能。一旦孩子能够进行自我管理，家长便可以放心地退后一步，让责任和挑战成为孩子成长的催化剂。

4. 提供安全网般的支持

放手并不代表完全退出，家长应该在孩子遭遇困难或挫折时提供必要的支持。作为一张安全网，家长应给予孩子情感上的慰藉和策略上的指导，而不是代替他们解决问题。家长要让孩子知道，无论何时，自己都是他们最坚实的后盾。

5. 庆祝孩子的成就

当孩子在尝试独立的过程中取得成就时，无论这些成就是大是小，家长都应该及时给予他们肯定，因为这不仅能够增强孩子的成就感，还能激励他们在面对未来的挑战时变得更加自信。家长的鼓励是孩子独立成长路上的强大动力。家长需要相信孩子有能力面对挑战和困难，即使他们可能会遭遇失败。在孩子遇到挫折时，家长不应该急于插手解决，而是应该鼓励孩子自己寻找答案、克服困难。这种经历虽然痛苦，却是孩子成长过程中不可或缺的一部分。它能够帮助孩子培养起坚韧不拔的性格、学会从失败中吸取教训，从而变得更加强大。

在孩子成长的旅途中，传统家长总是扮演着专制型守护者和引导者的角色。然而，过多的关爱有时会变成束缚，妨碍孩子培养起进行自我探索和独立发展的能力。

第二章

--- 探索旁观式教育 ---

如何塑造独立思考者

设定目标：明确孩子需要学习的内容和目标

在孩子的成长过程中，教育是一艘扬帆远行的船，而明确学习的内容和目标则是绘制船帆上的星图，它会引导孩子驶向知识的彼岸。我们作为引领他们出海的航海家，必须描绘一张清晰的航图，让他们的学习之旅既有方向又充满发现的惊喜。

学习内容是孩子们心智花园中的种子，需要我们精心挑选，既要有语言的花朵、数学的果实，也要有艺术的绿篱、科学的藤蔓。我们要学会对这些种子进行分类，让它们在孩子心中找到合适的土壤，并茁壮生长。每一颗种子都承载着知识的力量，等待在孩子探索的阳光下展开叶片，绽放光彩。

小 E 是一名初中生，他在数学学科上一直表现平平。小 E 的父母希望他能够在数学成绩上有所提高，但具体应该学什么、怎么学，他们并没有一个清晰的计划。在一次家长会上，小 E 的数学老师建议小 E 的父母设定一些具体的学习目标，并为小 E 制订一个详细的学习计划。

　　首先，老师建议小 E 的父母了解当前教育大纲中对数学学科的要求，以及未来的考试重点，包括代数、几何、数据处理等基础知识点，还有解决问题的能力、逻辑思维和空间想象力等。

　　其次，老师建议他们根据小 E 的实际情况，设定短期和长期的学习目标。短期目标可以是掌握某个数学概念或解决一种类型的数学题，而长期目标则可以是在期末考试或中考中取得优异成绩。

　　为了实现这些目标，小 E 的父母和老师一起制订了一个详细的学习计划。这个计划包括每天的学习时间、每周要复习的内容、每个月要达成的目标等安排，以及定期进行模拟测试来检验学习效果等。

　　最后，老师还建议小 E 参加一些数学兴趣小组和竞赛，以提高自己的学习兴趣和实践能力。通过与其他同学的交流和竞争，小 E 不仅巩固了所学知识，还激发了对数学的学习热情。

　　经过一段时间的努力，小 E 在数学上取得了显著的进步。他的基础知识更加扎实，解题速度也更快了。最重要的是，他对数学产生了浓厚的兴趣，这让他的学习之路变得更加明朗。

　　让孩子明确学习的内容和目标对他们的学习进步至关重要。这不仅能够帮助孩子有的放矢地学习，还能够激发他们的学习兴趣，为他们的未来发展打下坚实的基础。因此，家长应该与孩子一起，根据孩子的实际情况和兴趣，制订合理的学习计划，并鼓励他们积极参与各种学习活动，让学习成为一种乐趣，而不仅仅是任务。

我们要认识到，教育不仅仅是学校教育，还包括家庭教育、社会教育及自我教育。在这四个方面，我们需要与孩子一起设定清晰的学习目标，帮助他们建立起完整的知识体系和价值观。

在学校教育方面，家长应该与孩子一起了解教育大纲，明确不同阶段需要掌握的基础知识和技能。例如，小学阶段学习的重点是培养阅读、写作、计算等基础能力；中学阶段更加注重逻辑思维、科学探究和人文素养的提升；高中阶段则是深化专业知识，为大学及以后的学习打下坚实的基础。

在家庭教育方面，家长应该根据孩子的兴趣和特长，提供相应的支持和资源。比如，如果孩子对音乐有着浓厚的兴趣，家长可以为他们提供音乐课程，鼓励他们参加音乐会等实践活动。同时，家庭教育还应该注重培养孩子的责任感、合作精神和社交能力。

社会教育则需要家长带领孩子走出家门，参与社会实践，参观科技馆、博物馆，参与志愿服务等。通过这些活动，孩子们不仅能够学到在书本上学不到的知识，还能够培养起社会责任感和公民意识。

自我教育是孩子成长过程中不可或缺的一部分。家长应该教会孩子如何自主学习，如何利用图书馆、互联网等渠道和资源进行自我提升；同时，还要引导孩子学会自我反思，不断调整学习方法和目标。

在教育之旅中，家长是孩子的导航员，须正确指引他们在知识的海洋中航行。家长的每一次讲解、每一次鼓励、每一次庆祝，都是在告诉他们，大海的波涛之下都潜藏着无限的可能。家长的目标不仅仅是让孩子们学会知识，还要让他们学会如何学习、如何思考，并成为终身学习者。

如何明确内容与目标，确保孩子不仅能在知识的海洋中畅游，还能在未来的生活中独立航行，是每个家长都需要面对的挑战。以下是一些建议，可以帮助家长为孩子描绘清晰的学习路线图。

1. 了解孩子的兴趣和潜能

每个孩子都是独一无二的个体，他们有着不同的兴趣和潜能。家长首先应该通过观察和交流，了解孩子对哪些领域感兴趣、哪些能力较为突出，这有助于帮助孩子确立学习的方向，让他们找到学习的乐趣和动力所在。

2. 设定合理的学习目标

设定的学习目标应既有挑战性，又能够实现。家长可以根据孩子的年龄、能力及兴趣，与孩子一起设定短期和长期的学习目标。短期目标可以是完成某个项目，或掌握一项技能；而长期目标则可以是达到一定的学业水平，或培养起某方面的专长。总之目标应该是具体、可衡量、可实现的。

3. 选择合适的学习材料和方法

有了明确的学习内容和目标后，接下来就是制订具体的学习计划。学习计划应该包括每天的学习时间、每周的学习重点及每月的学习成果检查。家长可以根据孩子的个性和学习习惯，调整学习方法和节奏，确保他们学习效率的最大化。家长还可根据孩子的学习目标和兴趣，帮助他们选择合适的辅助读物，包括经典名著、名人传记、实践手册等。家长应鼓励孩子尝试不同的学习方式，以找到最适合自己的学习方法。

4. 强调学习过程而非结果

在学习过程中，家长应该更多地关注孩子的努力和进步，而不是仅仅看重成绩和结果。这样可以帮助孩子培养起积极的学习态度，让他们享受学习的过程，而不是将学习视为一种负担。

5. 定期评估和调整学习计划

学习是一个动态的过程，需要根据孩子的进步和反馈进行定期的评估和调整。家长可以与孩子一起回顾学习成果，讨论学习中遇到的问题，并指导孩子根据情况调整学习目标和方法。理论知识固然重要，但实践能力同样不可忽视。家长应鼓励孩子积极参与各种实践活动，如科学实验、社会实践、艺术表演等。这些活动不仅能够加深孩子对知识的理解，还能培养他们的团队合作能力和解决问题的能力。定期对孩子的学习进度进行评估是非常必要的。家长可以通过与孩子交流、查看他们的作业和考试成绩等方式，了解孩子的学习情况；同时，家长还应给予孩子积极的反馈和必要的指导，帮助他们及时调整学习策略，克服学习中遇到的困难。

6. 培养自主学习能力

学习的最终目标是帮助孩子成为独立的学习者。家长应逐步引导孩子学会自己管理学习时间和学习任务，培养他们解决问题的能力，以及如何寻找资源和信息。

7. 提供必要的支持和鼓励

在孩子的学习之旅中，家长的支持和鼓励是不可或缺的。这不仅包括物质上的提供，还包括情感上的支持和鼓励，让孩子感受到无论遇到什么困难，家长都会在他们身边。

通过以上步骤，家长可以跟孩子一起绘制一张清晰的学习路线图，帮助他们找到自己的学习方向，点亮他们学习路上的智慧之光，为他们的成长奠定坚实的基础。

只有明确的学习方向和目标，才是最坚实的船桨。当孩子们在学习的旅途中逐渐成熟，他们将学会用知识和智慧装备自己，然后在生活的大海中乘风破浪。在这个过程中，家长的爱和指导将是孩子拥有的最宝贵的财富，伴随他们一起向着光明的未来扬帆航行。

提供资源：为孩子提供学习所需的资源和环境

在孩子心灵的土壤中，学习是一片等待播种的田野。家长的职责是为这片田野提供充足的阳光、清新的空气、滋润的雨水，以及丰厚的肥料，这些，便是孩子在学习中所需用到的资源和环境。

资源是种子生长的营养，是知识的源泉、智慧的工具。书籍就像是一滴滴水珠，能够滋养干涸的心灵；科技设备如同现代化的农具，能助力孩子更高效地耕作知识的田地。我们不仅要为孩子提供这些实体的资源，还要教会他们如何去使用这些工具，如何在信息的海洋中辨别方向，从而撷取宝贵的知识精华。

环境是种子成长的空间，它需要被精心营造和维护。一个安静的学习环境，就像是田间最适宜耕种的地块，可以让孩子专心致志；而一个充满鼓励和挑战的家庭氛围，则如同的温室，让智慧的嫩芽不受外界风霜的侵扰。我们要为孩子们打造这样的一个环境，让他们感到有安全感、被支持，并且获得探索的乐趣。

在这个耕耘的过程中，我们是孩子的向导和伙伴，与他们一同弯腰播种、一同辛勤浇灌。我们与孩子的每一次对话、每一次共同解决问题的经历，都会在这片田野上种下希望的种子。我们的目标是让孩子能够学会自己照料这片田野，收获知识的果实。

小 A 是一个对阅读充满热情的孩子，但他的家里并不富裕，无法满足他对书籍的渴望。幸运的是，学校附近有一个公共图书馆，这个图书馆成了小 A 的第二个"家"。在这里，他可以随心所欲地阅读各种各样的书籍，从童话故事到科学探索，从历史传记到文学经典。图书馆还定期举办阅读俱乐部和作家讲座，让小 A 有机会与书友交流心得，拓宽视野。

随着科技的发展，编程和机器人设计成为新的学习热点。小 C 的父母认识到了这一点，并为她报名了一个科技创新夏令营。在那里，小 C 不仅学习了编程语言，还亲手制作了自己的小型机器人。这个夏令营提供了丰富的科技资源，让小 C 在实践中学习，激发了小 C 对科学技术的兴趣和创造力。

艺术是表达自我和情感的重要方式。为了培养孩子的艺术素养，小 D 的父母将她送入一家艺术工作室学习绘画和音乐。这里的老师都是专业的艺术家，他们用自己的经验和热情点燃了孩子们对艺术的热爱。小 D 在这里找到了自己的兴趣所在，她的画作屡屡在学校的艺术展览中获奖。

为孩子提供学习所需的资源和环境，意味着家长必须关注孩子的兴趣和需求，为他们创造接触新知识、新技能的机会。无论是图书馆、科技夏令营，还是艺术工作室，这些地方都像是一座座灯塔，照亮孩子们前行的路，引导他们探索未知的世界，培养他们成为终身学习者。

可能，有的家长会觉得自己没有那么多时间和精力送孩子去外面参与活动，其实，家里也照样可以为孩子创造良好的成长资源。

方法一：打造移动图书馆

不必等待学校图书馆开馆，我们可以在家中为孩子设立一个迷你图书角。例如，挑选适合孩子年龄段和兴趣的书籍，定期更新书架上的经典读物。此外，还可利用好电子书和有声书，让孩子随时随地都能沉浸在知识的海洋中，享受阅读的乐趣。

方法二：科技互动乐园

现代科技为我们提供了无数的学习工具，我们可以利用平板电脑或智能手机，下载教育应用程序和游戏，让孩子在玩乐中学习新知识；同时，通过视频教程和在线课程，孩子也可以接触到世界各地的优质教育资源。

方法三：家庭艺术长廊

家长可鼓励孩子在家中创作艺术作品，无论是绘画、手工，还是音乐；还可在家中为孩子准备一个展示区，将他们的作品陈列出来，这不仅能够激励孩子继续创作，还能增强他们的自信心和审美能力。

方法四：社区学习伙伴

家长可利用社区资源，如公共讲座、工作坊或者社区中心的活动，让孩子有机会与不同年龄和不同背景的人交流。这不仅能拓宽孩子的视野，还能帮助他们建立社交网络和团队合作能力。

为孩子提供学习所需的资源和环境并不是一件难事。通过这些简单而有效的方法，我们可以为孩子创造一个充满爱、知识和乐趣的成长空间。让我们像搭建一座通往知识王国的桥梁一样，为孩子铺设起一条通往未来的康庄大道。

通过创造一个充满爱和资源丰富的学习环境，我们不仅能够帮助孩子在学习知识的道路上稳步前行，还能够陪伴他们一起享受成长的乐趣，共同筑造一个充满无限可能的未来。在这个过程中，每一点创意和努力都将成为孩子人生航程中不可或缺的助力。让我们一起行动起来，为孩子们的梦想插上飞翔的翅膀。

观察孩子的学习情况，适时给予引导和支持

在孩子成长的旅途中，学会观察孩子，就是在他们的生命画卷上添上色彩；而适时给予他们引导和支持，则是在他们的心灵之舟上扬起风帆。作为家长，我们是孩子的守望者，也是他们航行中的引航者。

观察是一个细腻的过程，需要我们用敏锐的目光去捕捉孩子性格上的轮廓和情感上的纹理。我们要留意他们在游戏中的热情、在学习中的专注、在交流中的犹豫，甚至是在挫折中的沉默。这些细节，都揭示着孩子内心世界的奥秘。

引导是一门艺术，它要求我们以智慧和耐心的笔触勾勒可能的路径。我们要让孩子自主选择他们的兴趣所在，在他们迷茫时提供方向、在他们疲惫时提供慰藉、在他们成功时提供赞赏。这样的引导不是强制，而是一种温柔的力量，让孩子在自我探索中找到属于自己的节奏和旋律。

小 E 是一名普通的中学生，他的成绩中等，性格内向，对自己的未来并没有什么明确的规划。小 E 的父母都是忙碌的职场人士，他们深知教育的重要性，决心要为小 E 提供最好的引导和支持。

首先，他们开始关注小 E 的兴趣和特长。通过观察，他们发现小 E 对科学实验有着浓厚的兴趣，于是鼓励他参加学校的科学俱乐部。在那里，小 E 不仅能够深入探索自己感兴趣的领域，还学会了团队合作和公共演讲的技巧。父母的支持让小 E 的自信心得到了极大的提升。

其次，面对小 E 学习成绩的波动，他的父母并没有采取高压政策，而是选择了一种更为温和的引导方式。他们与小 E 一起制订了学习计划，并教会他如何合理分配时间，同时也不断强调努力学习的重要性而非仅仅关注成绩。这种引导方式帮助小 E 建立了自主学习的习惯，也让他对学习有了更积极的态度。

在情感支持方面，小 E 的父母始终保持着开放的沟通渠道。无论是小 E 在学校遇到困难，还是与朋友之间闹小矛盾，他们总是耐心倾听，给予理解和建议。这种无条件的爱和支持，让小 E 感到温暖和安全，也让他更愿意与父母分享内心的想法。

除了日常的关心和引导，小 E 的父母还特别注意培养他的责任感和社会意识。他们鼓励小 E 参与志愿服务活动，如帮助老人购物、参加环境清洁等。这些实践不仅让小 E 体会到助人的快乐，也让他学会了感恩和回馈社会。

随着时间的流逝，小 E 在父母的引导和支持下，逐渐成长为一个有目标、有责任感的少年。他不仅在学校的科学竞赛中获得了优异的成绩，还在人际交往中展现出了积极的态度和同理心。这一切的改变，都离不开父母在他成长道路上的正确指引和无私支持。

家长给予孩子正确的引导和支持，不仅能帮助他们找到自己的兴趣和目标，还能教会他们如何成为一个有爱心、有责任感的人。在这个过程中，家长的角色不是指挥者，而是陪伴者和引导者，家长的爱和智慧将带给孩子更多成长的力量。

支持是无声的力量，它如同夜空中最亮的星，不需要言语，却能给予孩子最坚定的信心。家长的支持是孩子在攀登高山时的绳索，是他们在跨越河流时的桥梁。我们要让孩子知道，无论何时何地，只要他们回望，就会发现我们的身影在那里，静默而坚定。

家长需要耐心地观察孩子在学习过程中的种种表现，包括他们的学习习惯、学习兴趣，以及遇到难题时的应对方式。了解这些信息对认识孩子的学习风格和需求至关重要。同样，在生活方面，我们应注意孩子的日常行为和情感反应，以帮助我们理解他们的社交能力和情绪管理技巧。

家长与孩子进行深入的对话，不仅能够加深彼此间的理解，还能激发孩子的思考和表达能力。当孩子对家长讲述学校的新鲜事或与家长分享学习上的困惑时，家长应该展现真诚的兴趣和支持，鼓励他们自由地表达自己的见解和感受。

　　引导孩子学习，重要的是培养他们的自主学习能力。我们可以设置问题情境，引导孩子主动寻找答案，而不是直接提供解决方案。例如，面对数学题，家长可以问："你认为这个题目的关键是什么？"或者问："如果换个角度思考，会有什么不同的解法吗？"这样的提问能够激发孩子的探究精神和培养其解决问题的能力。

　　在生活方面，引导孩子学会规划和管理自己的生活也是十分重要的。我们可以教他们如何设定小目标，如整理房间、完成家务任务等，并让他们即时享受完成任务后的成就感；同时，我们还可以通过家庭活动和游戏让孩子在实践中学会团队合作和社交技能。

　　家长的言行举止对孩子有着深远的影响。我们应该通过自己的行为来展示如何积极学习知识、如何处理生活中的挑战，以及如何与他人和谐相处。孩子往往会模仿家长的一言一行，因此，家长要以身作则，成为他们学习的榜样。

　　我们要给予孩子探索世界的自由。过度的束缚和保护会限制孩子的创造力和冒险精神。我们应该鼓励他们尝试新鲜事物，即使他们可能会遭遇失败。但请记住，失败是成长的垫脚石，它将教会孩子如何面对挑战、如何从中吸取教训。

对孩子的学习成果给予肯定，
对孩子的不足给予建设性反馈

在孩子的成长道路上，每一个小小的步伐都承载着无限可能。学会恰如其分地给予鼓励，就是在他们心中播下勇气的种子；而适度地反馈，则是在他们前进的道路上铺设指南针。

鼓励是阳光，温暖而明亮，它能照亮孩子心中的每一个角落。每当孩子尝试新事物，每当他们跨过一个又一个小山丘，我们的鼓励就像春风，吹拂着他们的帆，让他们的动力更加充沛。我们的话语会让自信在他们的心中生根发芽。

反馈则是那智慧的泉水，清澈而珍贵。反馈不是简单的批评，而是爱的传递，是对孩子行为和努力的客观评价。

小 D 性格内向，学习成绩中等。在学校，小 D 并不出众，甚至有些自卑。他的父母看在眼里，急在心头。他们决定采取行动，用鼓励和恰当的反馈来帮助小 D 找到自信，激发其潜能。

一次数学测验后，小 D 失落地拿着一张刚刚及格的试卷回家。

面对这个成绩，他的父母并没有责怪他，而是耐心地询问他在学习过程中遇到的困难。在了解到小D对几何题目感到特别头疼后，父亲拿出纸笔，和小D一起探讨问题所在，并鼓励他："你只是还没找到适合自己的学习方法，我们一起努力，一定可以进步的。"

在接下来的几周里，小D的父母不仅为他安排了辅导课程，还在家里营造了一个积极的学习氛围。每当小D解决一道难题，他们就会给予他及时的表扬和肯定。这种正面的反馈让小D感到前所未有的成就感，他对学习的兴趣逐渐浓厚起来。

随着时间的推移，小D的数学成绩开始稳步提升。更重要的是，他开始主动探索其他学科，他的好奇心和求知欲被彻底激发了。小D的父母看到这些变化，心中充满了欣慰。但他们并没有停止给予孩子反馈，而是在适当的时候提出建设性的意见，帮助小D不断调整学习方法，以形成良好的学习习惯。

终于，在一个阳光明媚的下午，学校举行了一年一度的颁奖典礼。小D站在台上，手里拿着他获得的优秀学生奖状。他的眼睛里闪烁着自信的光芒。他知道，这一刻的荣耀不仅属于他一个人，还属于在背后默默支持他的家人。

其实，对孩子的鼓励和反馈不应该是简单的批评或赞美，而应该是一系列精心策划的行动，旨在帮助孩子认识自己，发现自己的潜力，并在成长的道路上不断前进。父母的每一次鼓励、每一次反馈，都可能成为孩子成长路上的指南针。在孩子们的成长旅途中，鼓励与反馈犹如两股清泉，一股温暖心田，另一股映照前路。它们之于孩子，犹如阳光和雨露之于嫩芽，都是不可或缺的存在。

鼓励是一种积极的肯定，能够激发孩子的内在潜能，增强他们的自信心。当孩子在学习或生活中取得进步时，家长应该及时地给予他们认可和赞赏。正面的反馈会让孩子感受到自己的努力是能被看见的，从而激励他们继续前进。然而，鼓励并不是无原则的夸奖，它需要建立在真诚和具体的基础上。家长应该对孩子的具体行为或成就进行肯定，这样的鼓励才是有价值和意义的。

反馈是指导孩子学习和成长的重要工具，能够帮助孩子了解自己的表现，认识到自己的优点和不足。有效的反馈应该是具体的、建设性的，它像一面镜子，让孩子看到自己的真实面貌。通过反馈，孩子可以学会自我反思和自我调整。然而，反馈的方式和语气需要谨慎。负面的或者批评性的反馈可能会打击孩子的自尊心，引起他们的抵触情绪。因此，我们在提供反馈时，应该注重语言的选择，避免使用指责或贬低的话语；同时，我们也应该强调孩子的进步和潜力，即使是在指出不足时，也要让他们感受到自己是被支持和信任的。

在实际的教育实践中，鼓励与反馈往往需要结合起来使用。在孩子取得成就时应给予鼓励；同时，在他们遇到困难或犯错时应提供反馈和指导。这种平衡的方法可以帮助孩子在积极的氛围中成长，同时也能培养他们面对挑战和进行自我提升的能力。

在鼓励和反馈的过程中，孩子的心声同样重要。他们可能对某些事情有着自己的看法和感受，家长应该给予足够的空间让他们表达自己的想法。这样的沟通不仅能够加深家长与孩子之间的理解，还能够让孩子感到被尊重和重视。

在实践中，鼓励与反馈往往需要结合起来运用。例如，当孩子尝试解决一个难题时，家长可以先鼓励他们的勇气和尝试精神，然后在他们遇到困难时再提供具体的反馈和指导。

以下是如何在孩子学习的道路上，恰到好处地给予他们肯定与反馈的一些建议。

1. 肯定孩子的努力和进步

无论成绩大小，家长都应该看到并认可孩子的努力，这是对结果的肯定，更是对孩子付出的过程给予鼓励。例如，当孩子解决了一个难题，或者在某个项目上有所进步时，家长应该肯定他们的进步，让孩子感受到自己的努力是能被看见的。每当孩子做出好行为或取得进步时，及时的正面强化是必不可少的。这不仅仅是一句简单的"你做得很好"，还是一些具体而真诚的赞美，如"你把玩具收拾得很干净，真是个有责任心的孩子"。

2. 具体而真诚的表扬

表扬应该是具体和真诚的。家长应该指出孩子在哪些方面做得好、为什么值得表扬。这样的表扬不仅能帮助孩子了解自己的优点，还能增强他们的自信心。

3. 建设性的反馈

当孩子在某些方面表现不佳时，家长应该提供建设性的反馈。这意味着我们应该指出问题所在，并提供改进的建议。反馈应该是具体的、客观的，避免使用打击孩子自尊的负面语言，而是指出问题所在，并提供改进的建议和方法。

4. 设定合理的期望值

家长应该鼓励孩子培养成长心态，明白能力是可以通过努力提升的。在肯定和反馈的过程中，家长可以强调学习是一个不断进步的过程，失败和挑战只是成长的一部分。家长帮助孩子设定既有挑战性又能够实现的目标，使他们在达成目标时感到成就感，并激发起继续前进的动力。

5 鼓励努力的过程而非结果

在孩子遇到困难或挫折时，及时的鼓励和支持尤为重要。家长应该让孩子知道，无论遇到什么困难，家长都会在他们身边，并给予必要的帮助。家长要重视孩子的努力过程，而不是单纯地重视努力的结果。即使孩子没有取得预期的成绩，也要表扬他们的尝试和坚持，这样可以培养孩子在面对困难时不放弃的品质。

6. 鼓励自我反思

引导孩子学会自我反思、认识到自己的长处和短处。通过自我评价，孩子可以更好地理解自己的行为，并从中学习和成长。

7. 保持一致性

无论是鼓励还是反馈，都要保持一致性，这样一来，孩子才能明白哪些是重要的价值观和行为标准，从而形成稳定的行为模式。家长的这种平衡艺术，如同星光下温柔的赞歌，既能照亮孩子的道路，又能引导他们勇往直前。

通过这些小方法，我们可以为孩子营造一个充满爱、信任和支持的环境，让每个孩子都能在成长的道路上，像星星一样发出属于自己的光芒。通过这样的肯定与反馈，孩子不仅能够在学习上获得成就感，还能在面对挑战时保持积极的态度。

我们要相信，每一位孩子都有成为夜空中最灿烂的星辰的潜力，而我们的任务，就是陪伴他们，直到他们能够独自闪耀。

激发孩子的学习兴趣和积极性

在孩子心灵的夜空中，学习的兴趣和积极性如同璀璨的星辰。激发这股能量，就是在他们探索世界的欲望中投下火花，让好奇心的火光照亮他们的求知之路。

兴趣是种子，潜伏在孩子心田的沃土之下，等待着被唤醒。我们的每一次鼓励、每一次分享、每一次共同的探索，都是在为这些种子浇水施肥。当孩子们在某个领域产生兴趣时，他们将迸发巨大热情，那是他们心中星辰的光芒。我们要用赞赏的目光和积极的反应，让这光芒更加灿烂。

积极性则是火焰，需要我们不断地给予氧气，它才会燃烧得更旺。我们要像探险家一样，带领孩子去发现知识的宝藏，让他们在解决问题的过程中感受到成就和快乐。我们要在他们遭遇困难时，伸出援手，但更重要的是，让他们学会自己站起来，用自己的力量克服困难。

1. 游戏化学习，点燃好奇心

小 A 是个 8 岁的孩子，对数学毫无兴趣，一面对数字和算式就愁眉苦脸。他的父母决定改变策略，用游戏的方式来引导他。他们购买了一款数学益智游戏，里面有各种有趣的数学挑战和谜题。小 A 在游戏中不断尝试和解决问题，渐渐地，他开始对数学产生好奇，甚至主动要求父母出数学题让他解答。游戏化学习方式让小 A 在玩乐中掌握了数学知识，也激发了他对数学的兴趣。

2. 亲子共读，开启想象之门

小 C 今年 7 岁，爱动不爱静，坐下来阅读对她来说是一件极其困难的事。她的母亲决定和她一起阅读，每天睡前共同读一本图画书。她们不仅读文字，还讨论故事情节，母亲还会鼓励小 C 绘出自己心中的续集。几个月下来，小 C 开始期待与妈妈的共读时光，她的想象力和语言表达能力也都有了显著的提升。

3. 目标激励，成就小小科学家

小 D 对科学充满好奇，但是他对学习的持久性不足。学校开展"小小科学家"项目，鼓励孩子们设立自己的科学实验小目标。小 D 决定种植一株植物，并观察其生长过程。在老师和家长的帮助下，他记录数据、分析结果，并在班级分享会上展示自己的发现。通过这个活动，小 D 不仅学到了科学知识，还学会了如何设定目标并为之坚持到底。

4. 艺术融合，释放创造力

小 E 是个热爱绘画的孩子，但她对学校的学科学习缺乏热情。学校开设了一门艺术融合课程，将绘画、音乐、戏剧等艺术形式与语文、历史等学科结合起来。小 E 在绘画中学习文学，在剧本创作中了解历史。她发现自己可以通过艺术来表达对学科的理解。这种跨学科的学习方式大大提升了小 E 对学习的热情。

激发孩子的学习兴趣和积极性并不是一件难事，只要我们用心去观察、理解和引导，就一定能帮助孩子们找到学习的乐趣。让我们揭开激发孩子学习兴趣和积极性的小秘密，用五大魔法点亮孩子智慧的火花。

第一魔法：兴趣是最好的老师

每个孩子都有自己的兴趣所在，作为家长，我们要善于发现并引导孩子的这种兴趣。如果孩子对恐龙感兴趣，我们可以将恐龙的故事融入学习中，让学习变得生动有趣。通过将兴趣点连接知识点，让孩子在探索自己喜欢的事物时，自然而然地学到知识。孩子们天生拥有对世界的好奇心，家长和教师可以通过创设各种生活化、趣味性的学习情境，让孩子们在玩中学、学中玩。比如以故事的形式讲述数学问题，比如让历史人物"活"在课堂上，又比如在科学实验中寻找答案，等等，这些都能极大地激发孩子的好奇心和探究欲。

第二魔法：创造学习的乐趣

每个孩子都是独一无二的个体，他们的学习风格和兴趣点各不相同。因此，教育者应该根据每个孩子的特点，提供个性化的教学方案。这不仅能帮助孩子在舒适的环境中学习，还能让他们感受到被尊重、被理解，从而增强学习的积极性。

学习不应该是枯燥无味的，我们可以通过游戏、故事、实验等多种形式，让学习变得有趣。例如，数学问题可以通过解谜游戏来呈现、科学原理可以通过家庭小实验来探究等。当孩子们在玩乐中学习，他们的积极性便会大大提高。

第三魔法：赞美和鼓励的力量

在学习过程中，犯错是不可避免的。家长和教师应该鼓励孩子勇于尝试，即使失败了也不要气馁。通过错误来学习和收获成长，孩子就会逐渐建立起解决问题的能力和自信心。

孩子需要被认可和鼓励。每当他们取得一点进步，或是在学习中表现出努力之时，家长和老师应该及时给予赞美和鼓励。这种正面的反馈会让孩子感到自己的努力是有价值的，从而更加积极地投入到学习中。

第四魔法：设定合理的目标

为孩子设定短期和长期的学习目标，让他们有明确的学习方向。

目标要切实可行，既不要过于容易，也不要过于困难。当孩子一步步实现这些目标时，他们会获得成就感，这种成就感会激励他们继续前进。每当孩子达成一个小目标，我们都应该给予适当的表扬和奖励，让他们收获成就感，从而激发他们继续前进的动力。

第五魔法：家长的榜样作用

家长是孩子的第一任老师，也是孩子最好的榜样。家庭是孩子成长的第一课堂，家长的参与对孩子的学习态度有着不可忽视的影响。家长可以与学校的教师保持沟通，共同关注孩子的学习进展，参与到孩子的学习生活中，为他们提供必要的支持和帮助。家长对学习的态度也会直接影响孩子。如果家长能够展现对知识的热爱和对学习的积极态度，孩子自然会受到感染，从而模仿家长的行为，进而对学习产生兴趣。

激发孩子的学习兴趣和积极性需要家长、教师和孩子三方的共同努力。通过发现兴趣、创设互动环境、鼓励自主学习、适时表扬与奖励，以及家长的积极参与，可以有效地点亮孩子智慧的火花，让他们在求知的道路上不断探索，享受学习所带来的无限乐趣。

培养孩子的自主学习能力和批判性思维能力

现代教育不再仅仅是知识的灌输，而是更多地关注于能力的培养。其中，自主学习能力和批判性思维能力成为教育的两大核心。如何在孩子们的成长道路上点燃这两朵智慧的火花，是每位教育者应深思的课题。

我们要教会孩子如何在书本的森林中辨识路径，如何在实践的河流中驾驭航向。这样的自主学习不再是孤独的旅行，而是一场与世界对话的冒险。孩子们在每一次的自我发现中，都能找到新的乐园。

有一对父母，他们的孩子以出色的自主学习能力和批判性思维而闻名。他们的教育秘诀在于一种独特的教育模式——项目式学习，孩子们不是被动地接受知识，而是通过参与各种项目，主动探索、提问、研究、解决问题。

以他们10岁的小女儿艾米为例，她最近参与了"绿色森林保护"项目。项目的第一步是提出问题。艾米对森林中的生物多样性充满好奇，她提出了一个问题："为什么森林里的某些树木比起其他的树叶子颜色更绿？"这个问题成了她探索的起点。

接下来是对信息的搜集和分析。艾米在父母的指导下，学会了如何查找资料、阅读科学文章，并从中提取关键信息。她发现，树叶颜色的差异可能与光照、土壤类型和树龄有关。艾米不仅学会了如何使用图书馆的资源，还学会了如何筛选网络上的信息，辨别其可靠性。

再者是实验阶段。艾米设计了一个简单的实验，比较了不同条件下树叶颜色的差异。她记录数据、绘制图表，并尝试解释结果。这个过程不仅锻炼了她的观察能力，还提高了她的逻辑思维和数据分析能力。

最后是展示和反思。艾米将自己的发现以报告的形式给同学和老师看。在这个过程中，她学会了有效地与他人沟通自己的想法，并接受了来自他人的反馈和建议。这不仅增强了她的自信心，也让她学会了从不同角度看待问题。

这种教育模式的成功关键在于，它不是简单地告诉孩子答案，而是引导他们去发现问题、分析问题、解决问题。孩子在这个过程中学会了学习、思考，以及与他人合作，这些能力将伴随他们一生。

培养孩子的自主学习能力和批判性思维能力需要教育者的精心设计、家长的耐心引导，以及一个允许孩子犯错、探索和成长的环境。当我们为孩子点燃这三朵智慧的火花，我们不仅仅是在教育他们成为知识的拥有者，还是在引导他们成为未来的创造者。

批判性思维是一面镜子，映照出事物的本质。我们要引导孩子在信息的洪流中建立自己的防波堤，让他们的心灵在批判与反思中变得更加坚韧、明亮。批判性思维是一种内在的力量，让孩子在面对复杂多变的世界时，能够学会独立思考和明智选择。

我们要明白，自主学习和批判性思维并非遥不可及的高峰，它们其实就隐藏在日常生活中的点点滴滴中。比如，当孩子对某个话题表现出好奇时，我们可以引导他们提出自己的问题，而不是直接给出答案。这就是在激发他们探究精神的小火花。

举个例子，当你带孩子去公园时，他可能会对飞舞的蝴蝶感到惊奇。这时，你可以鼓励孩子先提出问题："蝴蝶为什么喜欢在花丛中飞舞？"然后，你们可以一起寻找答案，无论是通过查阅图书还是上网搜索，都能让孩子在这个过程中学会自主获取知识。

我们可以通过游戏来培养孩子的批判性思维。例如，玩一些策略游戏或解谜游戏，以锻炼孩子的逻辑思维和问题解决能力。在游戏中，孩子需要思考、判断、决策，这些都是批判性思维的重要组成部分。

家长可以在日常生活中创造辩论的机会。比如，当讨论家庭规则或选择周末活动时，我们应鼓励孩子表达自己的观点，并提出理由。这不仅能提高孩子的语言表达能力，还能让他们学会从不同角度看待问题，这是批判性思维的核心。

阅读也是培养孩子自主学习和批判性思维的有效途径。家长可选择适合孩子年龄阅读的书籍，鼓励他们对故事情节或角色行为提出自己的看法。家长可以与孩子一起讨论，这样既能增进亲子关系，又能激发孩子的思考。

　　教育者应该通过自己的行为来示范如何进行自主学习和批判性思考。当孩子看到大人们在面对问题时是如何分析、思考、解决的，他们自然而然便会模仿这种行为。

　　培养孩子的自主学习能力和批判性思维能力并不需要什么复杂的技巧，只需我们在日常生活中关注细节和悉心引导。当我们用心去观察、倾听和响应孩子的需求时，就能发现那些简单而有效的小方法。这些方法如同一把把钥匙，为孩子打开一扇扇通往知识的大门，引领他们走向独立思考和自我学习的舞台。

第三章

--- 在实践中成长 ---

让学习变得更有意义

旁观式教育，让学习变得更自主、更有趣

在这个信息快速发展的时代，传统式的填鸭式教育已经难以满足孩子们个性化、多样化的学习需求。一种全新的教育模式——旁观式教育犹如一股清泉，悄然流入教育领域，它鼓励孩子成为学习的主人，让学习过程变得更自主、更有趣。旁观式教育要求家长在教育的过程中更多地扮演观察者、支持者和引导者的角色，而不是直接扮演控制者和决策者的角色。

在孩子的成长乐园里，家长如同一棵棵苍翠的大树，静静地守望着孩子。他们不再是严厉的指挥者，而是变成和风细雨般的旁观者。旁观式教育，如同给孩子的学习之花浇上了趣味的肥料，让知识的果实变得更加甘甜可口。

在一个温暖的春日午后，阳光透过树叶的缝隙，洒在一间普通的屋子里。在这里，一位父亲正在静静地观察着孩子的各种尝试。

他的儿子是一个充满好奇心的孩子，对世界充满了探索的欲

望。这位父亲只是在旁边静静地观察，偶尔提出一些引导性的问题。

那天，他的儿子在学校接到了一个任务：用手中的材料建造一个能够承受一定重量的桥梁模型。他回到家就和爸爸说了自己的构想。爸爸没有直接给出答案，而是让儿子自由发挥，他相信孩子有解决问题的潜力。

儿子提出了一个大胆的想法：用纸筒作为桥的支柱。谁知一开始尝试就遇到了困难，但他并没有放弃。爸爸在一旁默默地观察着这一切，他的目光中充满了鼓励。

第二天到了课堂，随着实验的进行，儿子的桥梁模型开始展现出它的稳固性。其他同学也开始尝试不同的方法，课堂变成了一个充满活力的实验室。孩子们在实践中学习、在失败中成长、在成功中欢笑。

最终，儿子的桥梁模型成功地承受了重重考验，赢得了同学们的掌声。回到家后儿子告诉爸爸这一切，爸爸的眼中闪烁着欣慰的光芒，他知道，这次的实验不仅仅是儿子对知识的学习，还是对儿子自信、合作和创造力的培养。

旁观式教育，就是家长在教育过程中扮演旁观者的角色，而孩子则是学习的主体。这种教育方式强调引导而非灌输，注重激发孩子的好奇心和探索欲，让孩子在自我驱动下探索知识的海洋。旁观式教育不是放任自流，而是一种更高层次的教学智慧。它要求家长学会理解孩子，并通过观察孩子的行为，了解他们的思维过程，及时地提供必要的支持和引导，让孩子在自主探索中成长。

旁观式教育不仅仅是知识的传授，还是激发潜能、培养个性的过程。旁观式教育如同一位智者的陪伴，不强求、不急躁，只是静静地等待孩子如同春天里的花朵自然而然地绽放。

旁观式教育是如何实现让学习变得更自主、更有趣的呢？

旁观式教育倡导孩子自主设定学习目标，在这样的教育环境中，家长不再是唯一的指挥者，孩子可以根据自己的兴趣和需求，设定个性化的学习目标。这样一来，学习便不再是被迫完成的任务，而是孩子内心的渴望和追求。

旁观式教育鼓励孩子自主选择学习路径。在传统教育中，学习路径往往是固定的。而在旁观式教育中，孩子可以根据自己的节奏和风格选择最适合自己的学习方式，无论是通过观看教学视频，还是参与小组讨论，抑或是进行实地考察。

旁观式教育强调实践和体验。这种教育模式的魅力在于它的互动性和体验性。在旁观式教育中，孩子不再是被动接受知识的容器，而是变成了积极的探索者。他们可以通过观察现象、分析问题、提出假设、进行实验等多种方式，亲身参与到学习过程中去。这样的学习方式不仅能够提高孩子的学习兴趣，还能够培养他们的观察力、思考力和解决问题的能力。

旁观式教育还强调团队合作和社会互动。在学习的过程中，孩子需要与同伴合作，共同探讨问题、共同寻找解决方案。这不仅能够锻炼孩子的沟通能力和团队协作能力，还能够让他们在交流和合作中学会尊重他人、理解他人，从而培养良好的人际关系。

旁观式教育重视反馈和调整。在学习过程中，家长会以旁观者的身份及时给予孩子反馈，帮助孩子调整学习策略。这种及时的反馈能够帮助孩子更好地认识自己，从而更有效地达成学习目标。

旁观式教育有哪些意义呢？

旁观式教育有助于培养孩子的自主性。当家长选择"退居二线"，孩子便有更多机会自己做决定、解决问题。这种自主性的培养对孩子的成长至关重要。它能增强孩子的自信心、责任感和解决问题的能力。例如，面对学习上的挑战，孩子学着独立寻找答案而不是立即求助于家长，这样的经历便能够锻炼他们的独立思考能力。

旁观式教育有利于促进孩子社交技能的发展。在家长不直接介入的情况下，孩子更有可能与同龄人建立关系，学习如何在人际交往中表达自己、倾听他人并合作解决问题。这些社交技能为孩子未来的发展奠定坚实的基础。

旁观式教育有助于家长更好地理解孩子的真实需求。通过观察，家长可以更客观地看到孩子在不同环境中的表现，了解他们的兴趣点、强项和需要改进的地方。这种理解使得家长能够提供更为精准的支持和资源，而不是一味地按照自己的期望去规划孩子的教育和生活。

旁观式教育还能够减少孩子的依赖性。当家长不过度干预时，孩子便能学会面对困难和挑战，而不是依赖于家长的帮助。这种独立性的培养对孩子未来的学业和职业发展都是极为有益的。

旁观式教育有助于建立更为平等、和谐的家庭关系。在这种教育模式下，家长和孩子之间更多是相互尊重和理解，而不是单方面的指令和服从。这种关系的建立有助于孩子形成积极、健康的人格特质，如尊重他人、平等交流等。

旁观式教育不仅有助于孩子自主性、社交技能和独立性的培养，也能够帮助家长更好地理解和支持孩子，从而使家庭关系变得和谐。

这种教育方式旨在培养孩子的自主性、责任感和解决问题的能力。以下是实施旁观式教育的一些具体方法。

1. 观察与倾听

家长要学会成为一个细心的观察者和倾听者。通过观察孩子在日常活动中的表现，了解他们的兴趣、强项和面临的挑战。在孩子讲述自己的经历时，家长应该耐心倾听，给予孩子足够的时间和空间来表达自己的想法和感受。

2. 设置合适的环境

家长可以创造一个安全、有支持的环境，让孩子有机会自己做决定和尝试新鲜事物。例如，家长可以在家中划分一个区域供孩子进行自由活动，或者为孩子提供各种材料和工具，鼓励他们进行探索和创造。

3. 提问而非告知

当孩子遇到问题或挑战时，家长可以通过提问的方式引导孩子思考可能的解决方案，而不是直接给出答案。这种方法有助于孩子学会独立思考和解决问题。

4. 鼓励自主决策

家长应该鼓励孩子在做决定时考虑不同的选择和后果。例如，在孩子的穿着、课外活动选择等方面，家长可以提供几个可选项，让孩子自己做出最终的决定。

5. 设定目标和期望

家长可与孩子一起设定目标和期望，但要保证这些目标是孩子自己想要达成的。家长可以帮助孩子制订计划，但最终的执行应由孩子自己完成。

6. 提供支持和资源

家长应该为孩子提供必要的支持和资源，帮助他们实现自己的目标，包括提供信息、建议及物质上的支持，如购买相关书籍或报名参加相关课程等。

7. 学会放手

在某些情况下，家长需要学会放手，允许孩子犯错并从中学习经验。不要因为担心孩子失败而过度干预，这样会剥夺他们学习和成长的机会。

8. 反思和调整

旁观式教育不是一成不变的，家长需要根据孩子的成长和反馈来调整自己的教育方法。家长应定期与孩子进行沟通，了解他们的感受和需求，并根据情况做出相应的调整。

当然，旁观式教育也并不是万能的，它需要家长的精心设计和引导。而家长需要根据孩子的特点和学习情况，进行合适的观察和实践活动，引导孩子提出问题、思考问题，并在关键时刻给予适当的帮助和指导。只有这样，旁观式教育才能真正发挥其应有的效果，让学习和生活变得更加有趣和有效。

在这个过程中，家长能够学会信任孩子的能力。他们会知道，他们的旁观不是冷漠，而是一种智慧的选择，是对孩子自主学习能力的信任。他们会相信，孩子能够在自己的探索中找到答案，在自己的实践中找到方法。

塑造孩子良好的品格

孩子的品格如同一株株嫩绿的幼苗，需要细心的培育和不懈的耕耘。孩子的心灵是丰饶的土地，正直、勇敢、善良，这些美好的种子一旦播下，就能在孩子的灵魂深处生根发芽。每一个孩子都有属于自己的芳香。

正直是一株参天大树，它的树荫庇护着诚实与公正；勇敢是一座巍峨的山峰，它的巅峰闪耀着毅力与信念；善良是一条清澈的溪流，它的水声吟唱着温柔与和谐。

小 A 是一个活泼可爱的 9 岁小男孩，聪明伶俐，但也有一些让人头疼的习惯：他常常会因为一时的不高兴就大发脾气，有时还会因为一些小事情撒谎。小 A 的父母意识到，如果不动手培养孩子良好的品格，这些小缺点可能会成为他人生道路上的绊脚石。

一天晚上，小 A 的父亲给他讲了一个关于诚实的故事。故事中的小男孩因为一次撒谎，失去了朋友和家人的信任，最终他意识到诚实的重要性，并努力挽回了大家的信任。小 A 听完故事后，一向活泼好动的他陷入了沉默，似乎在思考着什么。

第二天，小 A 在学校里遇到了一个考验。他不小心弄坏了同学的文具盒，面对这个意外，他的内心挣扎了。他想要撒谎逃避责任，但又想起了昨晚的故事。在爸爸的鼓励下，小 A 鼓起勇气向同学坦白了自己的错误，并承诺会把同学的文具盒修好。同学原谅了他，两人的关系反而因为这次坦诚的交流变得更加牢固了。

小 A 的父母还通过其他方式来培养他的品格。他们会定期带小 A 参加志愿服务活动，让他体会帮助他人的快乐；在家里，他们还设立"感恩墙"，鼓励小 A 记录下每天值得自己感激的事情，培养他的感恩之心。

随着时间的推移，小 A 的变化开始显现。他变得更加有耐心和同理心，能够理解他人的感受，也更愿意与人分享。同学们都喜欢和小 A 玩耍，因为他总是公平公正，乐于助人。

塑造孩子良好的品格不是一蹴而就的，它需要家长的耐心引导、以身作则。每一个真诚的微笑、每一次坚定的选择、每一次勇敢地承认错误，都是品格光芒的闪耀。只要我们用心培养，孩子的品格之光便会如同璀璨的星辰，照亮他们未来的成长道路。

在孩子的成长道路上，知识教育无疑是重要的，但更为根本的是良好品格的培养。品格教育不是一门独立的课程，而是一种生活态度和行为习惯的培养。它需要家长、教师乃至整个社会的共同努

力，通过日常的点滴实践，逐步塑造孩子的道德观念和人格特质。

品格教育要从小抓起。儿童时期是性格形成的关键阶段，好比一张白纸，等待着画家用正确的颜色来描绘。家长应以身作则，用自己的言行传递正确的价值观，如面对困难时的坚持与乐观，对待他人的尊重和同情……这些看似微小的行为，却能在孩子心中种下品格的种子。

培养孩子良好的品格需要耐心和细致的引导。当孩子犯错时，家长不应急于斥责，而应引导孩子反思错误的根源，从中吸取教训。例如，如果孩子因为贪玩而忘记做作业，家长可以和孩子一起探讨时间管理的重要性，而不是简单地斥责孩子。这样的沟通和思考过程，有助于孩子形成自我反省和自我管理的能力。

一个拥有优秀品格的孩子，会在未来的生活中如鱼得水，无论是社交、学习还是工作，都能展现独特的魅力和能力。那么，作为教育者，我们应该怎样帮助孩子塑造良好的品格呢？

榜样的力量是无穷的。家长是孩子的第一任老师，也是孩子最初的榜样。家长的言行举止会直接影响孩子的品格形成。因此，家长应该以身作则，诚实守信、尊重他人、勇于承担责任，这些优秀的品质会潜移默化地影响孩子，成为他们品格的一部分。

培养孩子的同理心。同理心指站在他人的角度思考问题，理解他人的感受。在日常生活中，家长可以引导孩子关注他人的情绪和需求，鼓励孩子帮助有困难的人。通过这样的实践，孩子会逐渐形成关心他人、乐于助人的品格特质。鼓励孩子参与社会实践活动，是锻造其社会责任感的有效途径。通过志愿服务、参加社区活动等方式，孩子能够亲身体验到帮助他人、服务社会的满足感，从而内化为自己的品格特质。这些经历可以让孩子的同理心和责任感在实践中得到升华。

培养孩子的责任感。责任感是一个人成熟的重要标志。家长可以通过分配家务任务、鼓励孩子参与社区服务等方式，让孩子体验到完成任务后的成就感和自豪感。这样的经历会让孩子明白，每一个选择和行动都伴随着责任。让孩子从小承担一些适龄的家务劳动，如整理自己的玩具、帮助家长做一些简单的清洁工作等，可以让他们学会承担责任，懂得自己的行为会对他人产生影响；在遇到问题时，鼓励孩子勇于面对，寻找解决方案，而不是逃避或依赖他人，这样可以增强他们的独立能力。

培养孩子的自信心也至关重要。自信的孩子更容易面对挑战，勇敢地追求自己的梦想。家长应该鼓励孩子尝试新鲜事物、赞扬孩子的努力和进步，即使失败也不应对他们过于苛责。在这样的环境中，孩子的自信心会逐渐增强。

要教会孩子诚信的重要性。诚信是人际交往的基石，也是社会信任的基础。家长和老师应该通过自己的言行一致，向孩子展示诚信的力量；同时，也要让孩子明白撒谎的后果，鼓励他们诚实面对错误，勇敢承认错误并坚决改正错误。

培养孩子的自制力。自制力是控制自己行为和情绪的能力，是成功的重要因素之一。家长可以通过设定规则、延迟满足等方法，帮助孩子学会自我控制。当孩子能够控制自己的冲动，按照计划行事时，他们会感到更加强大和自信。

要教育孩子学会感恩。感恩是一种美德，也是人际交往中不可或缺的润滑剂。通过家庭和学校的感恩教育活动，让孩子体会到来自父母、老师、朋友乃至社会的关爱与帮助，激发他们对周围人的感激之情。当孩子学会感恩时，他们的心态会更加积极，人际关系也会更加和谐。

要引导孩子树立正义感。在日常生活中，家长应该成为孩子的榜样，公正无私、坚持原则，要鼓励孩子在看到不公平的事情发生时用适当的方式表达自己的看法，维护正义。这样成长起来的孩子，将会成为社会中正能量的传播者。

每一个微小的鼓励、每一次深入的对话、每一次共同的体验，都是促使孩子品格成长的营养。让我们用爱和智慧，为孩子的心灵点亮一座灯塔，引领他们成为有爱心、有责任感、有韧性的人。

让孩子感受到关爱和支持

在这个快节奏的世界里，每个人都在为生活奔波，但在这忙碌的背后，有一群需要特别关注的人——我们的孩子。他们像小树苗一样稚嫩，需要充足的阳光、水分和养分才能茁壮成长。如何确保孩子感受到关爱和支持，是教育者共同的责任和挑战。

每一颗幼小的心灵都如同在波涛汹涌的大海上初航的小舟。为了让这些小舟能够勇敢地航行，我们应用关爱和支持筑建一座座坚固的灯塔，让它们成为孩子心灵的避风港，引导他们穿越人生的风浪。

在成长的道路上，孩子需要的不仅仅是知识和技能，还需要爱的滋养。当孩子感受到这份关爱和支持时，他们的内心会变得更加强大，他们的梦想会变得更加清晰，他们的步伐会变得更加坚定。

小 C 是一个活泼好动的孩子，但学习成绩一直不理想。他的父母忙于工作，常常忽略了对他的关心和鼓励。一次偶然的机会，小 C 的班主任发现他在数学课上虽然经常走神，但在解答与生活实际相关的数学问题时却表现出浓厚的兴趣。班主任决定与小 C 的父母进行沟通，希望能够共同帮助小 C 找到学习的乐趣。

在老师的引导下，小 C 的父母开始改变与孩子互动的方式。他们不再只是简单地询问成绩，而是尝试了解小 C 在学校的生活，以及他对学习的看法和感受。每当小 C 遇到困难时，父母不再是一味地批评，而是耐心地坐下来，与小 C 一起探讨问题所在，并鼓励他尝试不同的解决方法。

更重要的是，小 C 的父母开始参与到他的学习过程中。他们不仅为小 C 营造了一个安静舒适的学习环境，还鼓励他参加学校的各种兴趣小组。在周末，他们会带小 C 去科技馆、图书馆等进行实践活动，让小 C 在实践中学习知识，体验成功的喜悦。

随着时间的推移，小 C 的学习态度发生了显著的变化。他开始主动学习，对数学产生了浓厚的兴趣，并且在其他科目上也有所进步。他的自信心得到了增强，与同学们的关系也变得更加融洽。

关爱和支持并不能和华丽的言辞和昂贵的物质条件画等号，它是一种耐心倾听、理解和鼓励的过程。让孩子感受到关爱和支持是至关重要的。这种关爱和支持不仅能够给予孩子安全感，还能激发他们内在的潜能，帮助他们建立自信，勇敢面对生活的挑战。那么，作为家长和教育者，我们应该怎样让孩子感受到关爱和支持呢？

1. 倾听的耳朵

孩子的世界充满了好奇和想象，他们有太多的话想说、太多的梦想做。家长有一双倾听的耳朵，就是对他们最好的支持。当孩子讲述他们的日常、梦想还有困惑时，家长应该耐心地倾听、静静地听，不打断、不评判。这样的倾听，会让孩子感受到他们的声音被尊重、他们的感受被重视。倾听和理解是关爱的基础。

2. 鼓励的话语

鼓励是爱的延伸。它如同春风，吹拂着孩子成长的每一步。当孩子尝试新事物或面对挑战时，家长应该给予他们正面的鼓励。即使失败了，也要肯定他们的努力和勇气。鼓励的话语不需要多华丽，一句"你做得很好""我相信你"，就足以点亮孩子心中的自信之火。当孩子开始努力并取得进步时，家长要及时给予他们鼓励和赞扬。这种正面的反馈会让孩子感受到自己的价值，激发他们的自信心和积极性。同时，家长也应该适当地表扬孩子的品质和行为，如诚实、勇敢、善良等，这样可以帮助孩子建立正确的价值观。

3. 共享的时光

在快节奏的生活中，与孩子共享的时光变得尤为珍贵。无论是一起阅读故事书，还是一起在公园散步，抑或是一起做饭、做手工，这些共同度过的时光，都是孩子感受到爱和关怀的重要时刻。在这些时光里，孩子会感受到自己是家长生活中的重心，这份感觉比任何物质的礼物都要珍贵。家长应该花时间陪伴孩子，参与他们的学习和生活，让孩子感受到家庭的温暖和关爱；同时，家长的参与也能增进亲子关系，更好地了解孩子的需求和兴趣。

4. 体贴的行动

有时候，爱的语言不仅是说出来的，更是通过行动表达出来的。为孩子准备一顿他们喜欢的早餐，为他们整理书包，关心他们的健康和情绪……这些都是家长默默传递爱意的方式。体贴的小行动虽不起眼，却是孩子感受家庭温暖的重要来源。无条件的爱是关爱的核心。家长应该给予孩子无条件的爱，不论他们的成绩如何、表现如何，家长都应成为他们成长道路上坚实的后盾。

5. 信任的眼神

孩子在成长的道路上摸索前行，他们需要的是信任而非质疑。家长应给予孩子适当的自主权，让他们做出选择并承担相应的后果。这种信任是孩子自信心的基石，是他们勇敢面对挑战的动力。尊重和信任是支持的关键。家长应该尊重孩子的个性和选择，给予他们足够的信任。当孩子面临做决策时，家长可以提供建议和指导，但应将最终的决定权交给孩子。这样的尊重和信任会让孩子感到自己的能力和独立性获得认可，从而使他们的责任感得到增强、自主性得到提升。

6. 理解的拥抱

在成长过程中，孩子有时难免遇到挫折和失落。这时，一个理解的拥抱胜过千言万语。拥抱是一种无声的语言，传递着安慰和力量。这会让孩子知道，在他们感到孤独或沮丧时，总有一个港湾可以停靠，总有人愿意无条件地给予他们温暖和力量。

让孩子感受到关爱和支持，并不需要大费周章，日常生活中的点点滴滴就能编织成爱的网，捕捉孩子的快乐和自信。这些小方法如同爱的微语，悄悄地在孩子心中播下温暖的种子，陪伴他们茁壮成长。

让孩子感受到关爱和支持，需要我们每个人的共同努力。让我们用行动去表达爱、用心去感受爱，让这份爱成为孩子成长道路上最坚实的支撑。在爱的阳光下，让我们一起见证孩子充满自信与快乐的成长，绽放他们生命中最灿烂的光芒。

希望每一个孩子都能在爱与支持中茁壮成长，成为自己人生的主角，勇敢地追寻自己的梦想。无论未来怎样，他们都会相信自己是被爱的，是有力量的，是能够克服一切困难的。

在孩子的成长道路上，让我们成为那一个个温暖的守护者，用我们的爱和支持，为他们撑起一片明亮的天空。每一颗幼小的心灵，都值得被温柔对待，都需要在爱与支持中茁壮成长。

提高孩子的自尊心和自信心

在茫茫人海中，每个孩子都是璀璨的星星，他们带着自己的光和热，渴望在生命的舞台上绽放。然而，并非所有的小星星都有足够的勇气闪耀，有的因为缺乏自信而变得暗淡无光。如何帮助这些小星星找回自己的光芒，提高他们的自尊心和自信心，这是每位教育者的重要任务。

小学生小 D 成绩中等，长相普通，性格内向。在学校里，他总是默默无闻，很少与同学交流。在课堂上，即使知道答案，他也从不主动举手发言，生怕自己说错什么，成为别人笑话的对象。小 D 的父母注意到了这一点，他们担心孩子的自卑感会影响他未来的发展。于是，他们开始寻找方法，希望能够增强小 D 的自尊心和自信心。

首先，小 D 的父母决定从表扬孩子做起。他们在日常生活中留心观察小 D 的每一个小进步，哪怕是独立完成了作业，或是主动帮助做家务，父母都会给予小 D 真诚的赞扬和鼓励。渐渐地，小 D 开始意识到自己的价值，他的行为变得更加主动，也更愿意与人交流。

由于小 D 对绘画一直有着浓厚的兴趣，于是他的父母便鼓励他报了一个美术班。在那里，小 D 找到了自己的天地，他的画作得到了老师和同学们的认可。每一次的表扬和奖励都像是给他的自信账户存钱，小 D 的自尊心逐渐增强。

此外，小 D 的父母还通过树立榜样来激励他。他们给小 D 讲述了许多成功人士的故事，特别是那些曾经遭遇挫折但最终凭借自信和坚持取得成功的例子。这些故事激发了小 D 的斗志，他开始相信，只要有信心，就没有克服不了的困难。

随着时间的推移，小 D 的变化让所有人都感到惊喜。他在学校里越来越活跃，不仅在课堂上大胆发言，还主动参与各种活动。他的人际关系也有了明显的改善，同学们都愿意和他一起玩耍，他也变得更加开朗和自信。

最终，小 D 参加了学校的才艺展示，他那幅充满创意的画作赢得了师生们的一致好评。站在领奖台上，小 D 的眼中闪烁着自信的光芒，他知道自己已经不再是那个躲在角落里的孩子，而是一个敢于展示自我、勇敢追求梦想的勇士。

在家长的眼中，自己的孩子总是那个需要被保护和呵护的小生命。然而，随着孩子一天天长大，如何培养他们的自尊心和自信心就成了家长必须面对的重大课题。一个自信的孩子，能够更好地适应社会、迎接挑战，并在未来的人生道路上闪耀光芒。在孩子的成长过程中，家长的每一句鼓励、每一个微笑都是他们自信心的养料。

拥有自尊心和自信心是关乎孩子健康成长的两个至关重要的因素。它们如同鸟的双翼，让孩子在人生的天空中自由翱翔。一个拥有健康自尊心和坚定自信心的孩子，能够更好地面对挑战，勇敢地追求自己的梦想。

那么，作为家长和教育者，我们应该怎样提高孩子的自尊心和自信心呢？

1. 树立积极的自我形象

要提高孩子的自尊心，首要任务是帮助他们树立积极的自我形象。父母应该肯定孩子的每一次尝试，无论进步大小，都应给予他们认可和鼓励；避免使用负面语言将他们与他人比较。每个孩子都有其独特性，应该让他们明白自己的价值不是由他人来决定的；每个孩子都有自己的闪光点，家长应该善于发现并关注这些优点和长处。当孩子在某方面表现出色时，应给予其及时的赞扬和肯定，让他们感受到自己的价值和能力。这样的正面反馈会增强孩子的自尊心，让他们更加自信地面对生活。

2. 培养独立解决问题的能力

自信往往来源于对自己能力的认可。父母可以通过让孩子参与决策、承担适当的家务或项目等，来培养他们独立思考和解决问题的能力。当孩子遇到困难时，不要急于插手，而是引导他们自己寻找解决方法，这样不仅能锻炼他们的能力，也能增强他们面对挑战的自信。独立的孩子更容易建立自信心。家长应该适当地放手，让孩子自己承担一些责任，如做家务、管理自己的学习等。当孩子逐渐学会独立处理问题时，他们会感受到自己的能力和进步，从而大大增强自信心。

3. 提供适度的挑战

家长可适当地为孩子设置一些挑战，激励他们不断前进，以体验成功的喜悦。这些挑战的难度应该是逐步提升的，既不应过分容易也不应过于艰难，以保持孩子的兴趣和动力。每次攻克难关，孩子都会体验到成功的喜悦，并对自己的能力有更深的认识，从而进一步增强自信心。勇于尝试是孩子建立自信心的重要途径。家长应该鼓励孩子走出舒适区，尝试新的活动和挑战；同时，家长也应该教会孩子如何面对失败，让他们明白失败是成长的一部分，不必过于沮丧。

4. 成为榜样

父母的行为对孩子有着深远的影响，展现自信的态度和行为，面对生活中的挑战保持积极乐观的心态，这些都会被孩子所观察并模仿。因此，父母应该努力成为一个积极的榜样，用实际行动教导孩子如何自信地生活。

5. 鼓励社交互动

社交技能也是自信心的重要组成部分。家长可鼓励孩子参加团体活动，如体育队伍、艺术班或兴趣小组，这些可以帮助他们学会与人交往、合作并建立友谊。在这些互动中，孩子不仅能学会如何在团队中发挥作用，还能在同伴的支持下增强自信心。竞争是社会生活的一部分，家长应该引导孩子树立正确的竞争观念，让孩子明白，竞争不是为了打败别人，而是为了超越自己、不断进步。通过健康的竞争方式，孩子能学会尊重他人，同时也能更好地认识自己的优势和不足。

帮助孩子树立正确的人生观和价值观

价值观和人生观如同一艘航船的罗盘和舵，它们指引着孩子前行的方向，让他们在茫茫大海中找到自己的航道。

1. 家庭教育

小 A 是一个 11 岁的孩子，他的父母非常注重对他的人生观和价值观的培养。他们经常和小 A 一起讨论各种社会现象和道德问题，引导他从多个角度思考问题。例如，当他们在电视上看到一则关于贫困儿童的新闻时，他们会和小 A 一起讨论如何帮助这些孩子，让他明白帮助别人是一件有意义的事情。

此外，小 A 的父母还会鼓励他参加志愿者活动，如探访孤寡老人、帮助环卫工人清扫街道等，让他亲身体验帮助他人的喜悦。在家庭中，他们还要求小 A 尊重长辈、关爱他人，学会分享和感恩。通过接受这些教育方式，小 A 逐渐树立了正确的人生观和价值观。

2. 学校教育

小 C 是一名初中生，她所在的学校开设了德育课程，邀请了一些社会知名人士和优秀校友来给学生讲述他们的成长经历和人生感悟。这些讲座让小 C 深受启发，她开始思考自己的人生目标和价值取向。

学校还组织了丰富多样的社会实践活动，如环保公益活动等，让学生在实践中学会关爱他人、关心社会。在班级中，老师还设立了"道德小卫士"的职位，鼓励学生积极参与班级的道德建设，共同营造一个和谐、友爱的学习环境。通过接受这些教育方式，小 C 逐渐形成了正确的人生观和价值观。

3. 社会影响

小 D 是一名高中生，他的人生观和价值观受到了社会的影响。有一次，他在回家的路上看到一个摔倒的老人，他毫不犹豫地上前扶起老人，并陪伴老人回到家。这件事让他深刻地认识到帮助他人是一件非常重要的事情。

此外，小 D 还关注一些社会公益组织，如慈善机构、志愿者团体等。他积极参加这些组织的活动，为弱势群体提供帮助。通过参与这些活动，小 D 逐渐明白了自己的责任和使命，形成了正确的人生观和价值观。

正确的人生观和价值观是孩子成长道路上的指南针。它们不仅指引孩子辨别是非、选择正确的道路，还帮助他们建立积极的生活态度和人生目标。作为父母，我们该如何帮助孩子树立这样的观念呢？以下是一些行之有效的方法。

1. 以身作则，利用榜样的力量

家长是孩子的第一任老师，也是孩子最初的榜样。家长的言行举止会直接影响孩子人生观和价值观的形成。因此，家长应该以身作则，展示诚实守信、尊重他人、勇于承担责任等优秀品质，让孩子加以学习和模仿。孩子是模仿大师，他们会观察家长的一言一行，并加以内化。因此，家长首先要检视自己的行为是否符合自己宣扬的价值观。无论是对待他人的态度、处理问题的方式，还是日常生活中的小事，都应该体现我们希望孩子学习的价值观。

2. 开展道德对话，灌输正义感

与孩子进行有关对错、善恶的对话，可以帮助他们形成自己的道德判断准则。家长可通过讨论日常生活中的实际例子或故事中的道德困境，鼓励孩子表达自己的看法，并引导他们理解其中的道德准则；还可选择一些蕴含深厚道德教育观念和人生哲理的经典书籍，与孩子一起阅读。通过故事中的角色和情节引发孩子的思考和讨论，帮助他们理解尊重、勇敢、诚实等价值观的重要性。

3.培养同理心，感知他人情感

教育孩子学会站在他人的角度思考问题、体会他人的感受。比如，可以通过阅读有关友谊、同情和爱的故事书，或者在现实生活中寻找机会，如参加志愿服务活动，让孩子亲身体验帮助他人的满足感。阅读是开阔视野、丰富内心的重要途径。家长可以为孩子提供各种类型的书籍、文章等，让他们接触不同的文化、观点和思想。这样的阅读会让孩子变得更加包容、开放，从而形成正确的人生观和价值观。

4.设定合理的期望，鼓励努力的过程

家长应该告诉孩子，成功不仅仅是结果，还是努力的过程。家长可以引导孩子设定合理的期望，并鼓励孩子为达到目标而努力。即使面临失败，也要强调从中学习的重要性，而不是单纯地追求成绩和结果。

5.树立对待金钱和物质的正确价值观

在物质丰富的时代，家长要教育孩子正确理解金钱和物质不是衡量生活价值的唯一标准，这一点至关重要。家长可通过零用钱管理、慈善捐赠等方式，教育孩子认识金钱的价值，并培养他们对财富的正确态度。

6. 鼓励反思，培养自我意识

在日常生活中，家长可以鼓励孩子反思自己的行为和决定。当孩子做出选择时，引导他们思考其背后的原因和可能产生的后果，从而培养他们的自我认知和责任感。家长还可以鼓励孩子提出问题，对周围的世界持有好奇心，并让他们知道，独立思考是一种力量，能够帮助他们形成自己的观点，而不是盲目跟随他人。

7. 开展志愿活动，体验奉献的快乐

鼓励孩子参与社会实践。社会实践是孩子接触社会、了解社会的重要途径。家长可以鼓励孩子参加志愿者活动、社区服务等，让他们亲身体验社会生活，了解社会的多样性和复杂性。这样的经历会让孩子更加珍惜自己的生活，同时也能培养他们的社会责任感，并让他们了解到物质之外的生活价值。

8. 赞美过程，重视努力的意义

当孩子取得成就时，家长不仅要赞美结果，还要赞美他们为之付出的努力和坚持，这样可以帮助他们建立起"努力就能成功"的正面人生观。

9. 讨论时事，培养社会意识

家长可利用新闻事件或社会现象，与孩子讨论正义、公平、道德等话题，这样不仅能提高孩子的社会意识，还能帮助他们学会从

多个角度审视问题。家长可以通过讨论时事、分析案例等方式，培养孩子的批判性思维，这样的训练方式会让孩子学会独立思考、明辨是非，形成正确的人生观和价值观。

10. 制定家规，明确期望和边界

合理的家庭规则有助于帮助孩子理解社会的基本规范和家长的期望。家长可通过设置一定的纪律和奖惩制度，让孩子学会自律和尊重规则。

11. 重视家庭传统和文化遗产

家庭传统和文化遗产是价值观的重要载体。通过分享家族故事、庆祝传统节日等方式，可以帮助孩子理解自己的生命根源，从而认识到个人身份和文化背景能给予他们丰富的底蕴。

当我们在孩子心中种下这些价值观的种子后，随着时间的流逝，这些种子将生根发芽，帮助孩子收获丰硕的人生果实。

在实践中成长：旁观式教育的魅力

在知识与智慧的星空下，孩子如同初展羽翼的雏鸟，在观察与模仿中蓄势待飞。

旁观是孩子们认识世界的一扇窗。他们如同小树般的心灵透过这一扇窗，窥见知识的海洋、智慧的山川。我们的指导犹如春日里的细雨，不着痕迹地滋养着他们的好奇心；我们的示范犹如夏夜中的萤火虫，指引他们努力前行的方向。每一次观察，都是对世界的一次深刻理解；每一次聆听，都是对真理的一次静心领悟。

在波光粼粼的湖面上，一只小船缓缓划过，船上坐着一群孩子和他们的导师。这不是一次普通的郊游，而是一次特殊的成长之旅——"逆境中绽放的力量"户外探险活动。在这里，孩子们将挑战自我，在实践中学习、在困难中成长。

小 E 是这次活动中的一员，他性格内向，平时很少参加户外活动。面对即将到来的挑战，他心中既充满期待又有些忐忑。活动的第一项任务是团队建设，孩子们需要分组完成一系列的合作游戏。小E和另外四个孩子被分到了一个小组，他们需要共同搭建一个能够容纳所有人的简易避难所。

开始时，小E只是默默地观察其他小伙伴忙碌的身影，不敢主动参与。后来，在队友的鼓励下，他开始尝试拿起木板钉钉子。随着时间的推移，小E的动作越来越熟练。他发现，原来自己也能在团队中发挥作用。当避难所最终搭建完成时，小E的眼中闪烁出自信的光芒。

在接下来的几天里，孩子们将面临更多的挑战，包括徒步穿越森林、攀岩、学习野外生存技能等。每一项活动都考验着他们的勇气和智慧。小E在每一次的挑战中都有所进步，他学会了如何在野外寻找食物和水源，如何运用有限的资源制作工具，如何在团队中发挥自己的优势……

最难忘的是那次夜间定向越野。夜幕降临，森林中弥漫着未知的恐惧。小E和队友们的手电筒光束在黑暗中摇曳，他们必须依靠地图和指南针找到指定的地点。在这个过程中，小E展现了他的冷静和智慧。他不仅准确地辨认出了方向，还在遇到困难时鼓励队友，最终带领团队完成了任务。

活动的最后一天，孩子们围坐在篝火旁，分享着这几天的经历。小E第一次主动站起来，向大家讲述了自己的感受。他说："这次活动让我认识到，无论遇到多大的困难，只要我们勇敢面对，就没有什么是不可能的。"他的话语赢得了大家热烈的掌声。

回到城市，小E的变化让父母惊讶。他不再是那个总是依赖别人的孩子，而是变得更加独立和自信。他开始主动参与学校的各项活动，与同学们建立了更深的友谊。小 E 的成长，不仅是技能上的提升，更是心理上的成熟。

"逆境中绽放的力量"户外探险活动，为孩子们提供了一个实践的平台，让他们在挑战中学会合作、在困难中寻找解决之道、在失败中汲取经验。这些经历，让每个孩子的内心更加坚韧，也让他们在未来的生活中，无论遇到什么样的风浪，都能勇敢地迎难而上，绽放属于自己的力量。

在孩子的成长过程中，如何让他们平衡观察与实践，让他们在旁观中学习、在实践中成长，是每位教育者都需要思考的问题。正如鸟儿需要翅膀才能在天空自由翱翔一样，孩子们也需要机会来实践，从而真正成长。实践不仅是知识的检验场，更是能力的培养基地。

真正的学问不仅仅在于看和听，还在于做。实践是孩子们锻造自我的熔炉，在这里，他们如同矿工深入地球的心脏，探寻宝石般珍贵的经验。在这个过程中，孩子们将学会思考，如同河流中的水滴不断雕琢河床，最终形成深邃的智慧之河。

观察是孩子认识世界的第一步，而实践则是鞭策他们真正成长的舞台。

那么，我们应该怎样引导孩子在旁观与实践中找到平衡，实现自我提升呢？

实践能够激发孩子的好奇心和探索欲。当孩子们亲手做实验，观察植物的生长，或者参与社会活动时，他们会遇到各种问题和挑战。这些问题和挑战会激发他们的好奇心，驱使他们寻找答案，从而培养他们的观察力和思考力。要鼓励孩子成为观察者。观察是学习的基础，教育者可以鼓励孩子关注身边的人和事，并从中发现规律并总结经验。比如，在家庭聚会时，家长可以引导孩子观察家庭成员间的互动，了解人际关系的处理准则；在公园游玩时，家长可以让孩子观察植物的生长，以此感受大自然的奇妙。通过观察，孩子能够更好地认识世界，为实践积累经验。

实践是培养孩子独立思考和解决问题能力的重要途径。在实践中，孩子们需要自己动手、自己做决定、自己解决问题。这个过程不仅能让他们学会独立思考，还能培养他们的决策能力和解决问题的能力。这些能力对他们未来的生活和工作都是非常重要的。要多引导孩子在实践中尝试。实践是检验真理的唯一标准，家长和教育者可以鼓励孩子将观察的所得应用到实际生活中，并通过实践来检验和巩固知识。比如，在学习烹饪的过程中，可以让孩子亲自动手做饭，体会食物的变化；在学习科学原理时，可以让孩子亲自做实验，感受科学的魅力。在实践中，孩子能够更深刻地理解知识，提升自己的能力。

实践还能培养孩子的团队合作精神和社交能力。在实践中，孩子往往需要与他人合作，共同完成任务。这个过程会让他们学会如何与人沟通、如何协调关系、如何合作共事，这些社交技能对他们未来的人际交往和职业发展都是非常有帮助的。教育者可以为孩子创设丰富多样的学习环境，让他们在不同的场景中观察和实践。比如，可以带孩子参观博物馆、科技馆等场所，拓宽他们的视野；可以组织户外活动、社会实践等，增加他们的实践经验。在多元化的环境中，孩子能够更全面地发展自己，实现自我超越。

实践还能让孩子更好地理解和反思自我。理论知识如果没有通过实践来验证和升华，往往会变得空洞和抽象，而当孩子在实践中应用自己所学到的知识时，他们会更深刻地理解这些知识，并且更加熟练地掌握这些知识。反思是旁观与实践的桥梁。教育者可以引导孩子在观察和实践后进行反思，分析自己的得失，明确自己的优点和不足。比如，在参加一次比赛后，可以让孩子回顾比赛过程，总结经验教训；在学习一个新技能后，可以让孩子思考自己的进步和需要改进的地方。通过反思，孩子能够更清晰地认识自己，为今后的学习和成长奠定基础。

以下分享一些小方法，让孩子在实践中快乐成长。

让孩子参与家务活动。家务活动是孩子接触实践的最直接方式。例如，家长可让孩子帮忙洗碗、做饭、打扫卫生等。这些看似简单的家务活动，其实蕴含了许多实践的机会。孩子可以学习到时间管理、任务分配等生活技能，同时也能够培养责任感和独立性。

鼓励孩子参加社区活动。社区活动是一个很好的实践平台，可以让孩子接触到不同的人和事。例如，参加环保活动、志愿者服务等。这些活动不仅可以让孩子了解社会，还可以培养他们的团队合作精神和公民意识。

创设问题情境，让孩子解决问题。在日常生活中，家长可以创设一些问题情境，让孩子思考如何解决问题。例如，如果家里的椅子坏了，我们可以让孩子尝试自己修理或跟他一起修理。这个过程会让孩子学会解决问题的方法，并能培养他们的逻辑思维和解决问题的能力。

利用游戏让孩子在实践中学习。游戏是孩子的天性，也是他们最喜欢的活动。我们可以通过设计一些具有教育意义的游戏，让孩子在游戏中学习知识、技能和规则。比如搭积木可以培养孩子的空间感和创造力，角色扮演游戏可以培养孩子的表达能力和社交技巧等。

孩子的每一次观察都是对世界的一次深入解读，每一次实践都是对自我的一次精彩展示。在这些旅途中，孩子将感受旁观背后的博大精深、实践背后的丰富多彩，他们不再是等待哺育的幼鸟，而是成为振翅高飞的雄鹰。

让孩子从观察者变为参与者，激发创新思维

观察是一把钥匙，能打开知识的大门，引领孩子进入理解与想象的殿堂。家长的启发如同春风拂过沉睡的大地，唤醒了万物，也唤醒了孩子对世界的好奇和探索的欲望。

真正的成长在于从观察者变成参与者、从接受者变为创造者。我们应鼓励孩子将观察的种子播撒在实践的土壤里，用行动的雨水滋润，让创新的花朵在他们的心中绽放。

小E是一个7岁的男孩，他聪明好动，但有时注意力不集中。他的父母希望帮助他提高专注力，培养良好的学习习惯。

1. 问题识别

一天，小E的妈妈发现小E在做作业时容易分心，常常一会儿玩玩具，一会儿看电视。她意识到需要采取措施帮助小E提高专注力。

2. 解决方案

（1）设定明确目标：妈妈与小 E 一起制订一个明确的学习目标，如每天专心写半小时的作业。

（2）创造良好环境：妈妈为小 E 创造一个安静、整洁的学习环境，减少干扰因素。

（3）分段学习：妈妈教导小 E 采用分段学习的方法，每次只专注于一小部分任务，并逐步延长专注时间。

（4）赞扬与奖励：每当小 E 完成一个阶段性目标，妈妈便及时给予赞扬和适当的奖励，激励他继续努力。

（5）共同参与：爸爸积极参与到小 E 的学习过程中，陪伴他一起读书、做游戏，增进亲子关系。

（6）保持耐心：在整个过程中，爸爸妈妈始终保持耐心，理解小 E 的成长需要时间，不过分苛求。

2. 效果评估

经过一段时间的努力，小 E 的专注力逐渐提高。他能够更加专注于学习任务，不再那么容易分心。同时，他与父母的关系也变得更加亲密。

旁观式教育是一种教育方法，它鼓励孩子通过观察和参与来学习和探索。这种方法强调让孩子在实践中学习，而不仅仅是被动地接受知识。

如今，创新思维已经成为孩子成长路上不可或缺的一个要素。如何将孩子从一个被动的观察者转变为一个主动的参与者，激发他们内在的创造力和想象力，是每个教育工作者需要深思的课题。

在成长过程中，孩子往往首先是一个观察者，观察着周围的世界、观察着他人的行为。然而，仅仅作为一个观察者，孩子们无法真正理解世界，也无法真正掌握知识。为了让孩子更好地成长，我们需要引导他们从观察者变为参与者，让他们亲身体验、亲身实践，从而更好地理解和掌握知识。

旁观式教育有以下特点和优势。

1. 从观察到参与：激发孩子的主动性

让孩子从观察者变为参与者，首要的是激发他们的主动性。我们应该鼓励孩子提出问题，表达自己的观点，而不是仅仅被动地接受知识。当孩子提出问题时，我们可以引导他们自己去寻找答案，在实践中验证自己的猜想。这样一来，孩子不仅能够主动学习，还能够培养自己独立思考的能力。

激发兴趣：找到孩子感兴趣的点是关键。无论是昆虫、星空还是机械玩具，只要孩子展现出浓厚的兴趣，就为他们提供相关的资源和机会去深入探索。

提问引导：用问题激发孩子的思考，而不是直接给出答案。当孩子对某个现象产生疑问时，鼓励他们自己寻找答案，和通过实验或实地考察的方式。

创造环境：为孩子创造一个可以自由探索的环境，让他们能够动手操作、亲身体验。比如，设置一个小型实验室，或者组织一次户外探险活动。

项目式学习：通过项目式学习，让孩子参与到一个具体的项目中，从规划到执行，每一步都由他们自己来操作。这样的过程会让他们在参与中学习、在实践中成长。

鼓励分享：鼓励孩子将自己的观察和参与经历同他人分享。这不仅能增强他们的表达能力，还能让他们学会倾听他人的观点，从而获得更丰富的知识和经验。

2. 创造实践机会：培养孩子的实践能力

为了让孩子们更好地参与，我们需要创造更多的实践机会。这些实践机会可以是日常生活中的家务活动，也可以是学校或社区组织的各种活动。例如，我们可以让孩子参与做饭、打扫卫生等家务活动，让他们亲身体验劳动的辛苦和乐趣；我们可以组织孩子参加学校的科学实验活动，让他们亲手操作，亲身感受科学的魅力。

3. 提供合作平台：培养孩子的团队合作精神

在参与的过程中，我们还需要提供合作平台，让孩子学会与他人合作。例如，我们可以组织孩子参加小组讨论、小组比赛等活动，让他们在合作中学会倾听他人的意见，学会协调与他人的关系。这样一来，孩子不仅能够培养起团队合作精神，还能够提高自身的社交能力。

4.给予反馈与鼓励：增强孩子的自信心

在每次活动后，我们应和孩子一起回顾整个过程，与他们讨论学到了什么、感受到了什么，以及下一次如何可以做得更好。这种反思会让孩子意识到参与的价值，也能够帮助他们形成终身学习的习惯。在参与的过程中，我们需要给予孩子及时的反馈与鼓励。当孩子做得好时，我们应该给予他们肯定和赞扬；当孩子遇到困难时，我们应该给予他们指导和帮助。这样，孩子不仅能够增强自信心，还能够更好地坚持参与。

让孩子从观察者变为参与者，不仅仅是一种学习方法的转变，还是一次深刻的成长体验。在这个过程中，孩子将学会主动探索世界、与世界互动，并最终在这个多元而复杂的世界中找到自己的位置，拥有更多的创新思维。

创新思维指能够发现新问题、提出新思路、创造新解决方案的能力。这种思维方式对孩子的成长和发展至关重要。具备创新思维的孩子才能够更好地适应环境变化，解决复杂问题，并在生活中取得成功。

以下是一些激发创新思维的方法。

提供开放性问题：避免只给孩子提供封闭式的问题（即只有唯一正确答案的问题），而应提供开放性问题；鼓励孩子从多个角度思考问题，寻找多种可能的解决方案。

创造性艺术活动：艺术是表达创意的重要方式。通过绘画、音乐、舞蹈等艺术形式，孩子可以自由地表达自己的想法和情感，这有助于激发他们的创造力。

科学启蒙教育：将科学教育与孩子的日常生活相结合，让孩子在生活中观察和发现科学现象，通过亲身体验和实践来学习科学知识。

批判性思维训练：引导孩子学会质疑和分析，在接收任何信息之前都要加以思考。通过讨论、辩论和批判性阅读，他们可以学会评估信息的真实性和可靠性。

利用现代技术：利用现代科技工具，如编程、机器人等，可以让孩子在实践中学习逻辑思维和系统设计技能。

环境设计：创造一个开放、多元的学习环境，让孩子有更多自主探索和学习的机会。

项目式学习：通过参与项目式学习，孩子可以在解决实际问题的过程中学习到知识和技能。这种方法强调实践和合作，有助于孩子发展与培养创新思维和团队协作能力。

家庭支持：家长的支持和鼓励对培养孩子的创新思维至关重要。家长可以通过提供资源、时间和空间，鼓励孩子进行探索和创造。

社会实践：鼓励孩子参与社会服务和社会实践活动，如社区服务项目、环保活动等。这些活动可以帮助孩子了解社会需求，培养解决问题的能力。

我们需要为孩子创造一个充满好奇和探索精神的环境。在这个环境中，孩子被鼓励提出问题、尝试新鲜事物、挑战未知。当孩子发现自己对世界充满了好奇心，他们的角色便会自然而然地由观察者跃升为参与者。

在这个过程中，孩子的思维锋芒会越磨越锐，创意星辰会越聚越亮。他们的每一次想象都开辟了新的思路，每一次创新都开拓了新的天地。他们不再是静态的学习机器，而是成为动态的智慧创造者。

第四章

----- 不拘一格 -----
多维度唤醒孩子的自驱力

重新定义学习的边界

　　如今，知识更新换代的速度远比我们想象的要快得多。传统的学习方式已经无法满足现代社会对个体能力的需求。学习已不再是简单地坐在教室里听老师讲课，也不是仅仅通过书本获取知识。随着科技的飞速发展和互联网的普及，我们正迎来一场关于学习方式的革命。重新定义学习的边界，不仅可能，而且已经在全球范围内悄然发生。

　　在这个新的时代，孩子的学习不应被束缚在狭小的教室里，他们的智慧之花需要在开放的空间中绽放。我们将学习的边界推向了自然界的怀抱，让每一片叶子、每一滴露水都成为启蒙的课本。在大自然的课堂中，孩子如同小溪般欢快地跳跃，从每一次跌倒中学会坚韧，从每一次探索中收获智慧。

　　我们不再是将孩子限于僵硬的课桌椅上，而是让他们在实践的土壤中扎根。在科技工具的辅助下，孩子的手指轻触屏幕，便能穿越时空，与古今中外的文明对话。他们不再是被动的知识接受者，而是成了积极的知识探索者，每一次点击都是对未知世界的勇敢追求。

重新定义学习的边界，不仅是一种必要，还是一种生存的艺术。下文将探讨如何在无垠的知识海洋中破浪前行，拥抱终身学习的理念，以及如何利用现代技术和方法拓宽我们的学习视野。

1. 在线开放课程平台的兴起

大规模在线开放课程平台的兴起，让世界各地的人们都能接触到一些世界顶尖大学的课程。这些平台提供了从编程到心理学、从艺术史到量子物理的广泛课程，让学习者可以根据自己的兴趣和需求自由选择学习内容。这种学习方式打破了时间和空间的限制，让优质教育资源得以共享。

2. 虚拟现实（VR）和增强现实（AR）的应用

虚拟现实和增强现实技术的进步，为学习提供了全新的维度。医生可以通过 VR 进行手术模拟、工程师可以在 AR 环境中测试和优化设计、历史爱好者可以通过 VR"穿越"到古罗马时期……这些技术让抽象的知识变得直观易懂，极大地提高了学习的趣味性和效率。

3. 社交媒体作为学习工具

社交媒体不仅仅是交友和娱乐的平台，还可以成为强大的学习工具。微博、小红书等平台上有大量的专业社群、学者和业余爱好者分享知识、讨论问题。此外，许多教育机构也在这些平台上开设官方账号，发布最新的研究成果和学术资源。社交媒体的互动性和即时性，让学习变得更加灵活和开放。

4. 游戏化学习

将游戏元素融入学习过程，即所谓的"游戏化学习"，正在改变人们对学习的态度。通过设定目标、奖励成就和提供即时反馈，游戏化学习激发了学习者的积极性，提升了他们的参与度。无论是语言学习应用，还是数学解谜游戏，游戏化学习都证明了学习者自身在提高学习动力和效果方面的潜力。

5.终身学习和自我驱动的学习模式

在不断变化的世界里，终身学习成为必要。个人需要不断更新知识和技能以适应新的工作和生活环境。自我驱动的学习模式鼓励个人根据自己的职业规划和个人兴趣来选择学习路径。企业和教育机构也开始提供个性化的学习计划和资源，支持员工持续成长。

这些发展变革，展示了学习边界正在如何被重新定义。在这个过程中，每个人都可以成为知识的创造者和传播者。

我们要认识到学习不再是学生时代的专利，随着社会的发展，终身学习已经成为一种新常态。无论是职场上的技能提升，还是生活中的兴趣爱好，学习无处不在。因此，我们需要打破年龄和身份的界限，将学习融入生活的每一个角落。我们要认识到学习的本质。学习不仅仅是记忆和理解，它还是一种思考、创造和应用的过程。当我们开始用这样的视角去看待周围的世界时，就会发现学习无处不在。比如，在厨房烹饪时，我们可以尝试理解食材的化学变化；在公园散步时，我们可以观察植物的生长规律；在工作中，我们可以思考提高效率和创新的方法。这些都是学习的过程，都是对知识边界的拓展。

学习的空间已经不再局限于传统的教室。随着互联网和移动设备的普及，学习可以发生在任何时间、任何地点。无论是在家中、咖啡店，还是在通勤的地铁上，只要有网络连接，我们就可以随时随地接触到世界各地的知识和资源。这种空间的自由化，让学习变得更加灵活和个性化。我们还可以利用现代技术来拓宽学习的渠道。

互联网为我们提供了丰富的资源，无论是在线课程、电子书籍，还是各种教育平台，都让学习变得更加便捷和个性化。我们可以在通勤的地铁上听一门心理学课程、在午休时间阅读一篇科技文章，甚至在等待朋友的咖啡馆里，通过手机应用学习一门新语言。

学习也正在超越传统的学科分类。跨学科的学习方式让人们能够打破知识的壁垒，将不同领域的知识融会贯通。比如，生物技术领域的发展需要生物学、化学、物理学、工程学等多门学科的知识结合。这种跨界的学习方式，不仅能够拓宽我们的视野，还能够激发创新思维的火花。我们还可以通过社交互动进行学习。与不同背景的人交流，也可以让我们接触到不同的观点和想法。在这个过程中，我们的思维方式会得到锻炼和拓展，从而促进自身的学习和成长。无论是参加社区活动，还是加入兴趣小组，抑或是和朋友进行深入讨论，都是重新定义学习边界的有效途径。

学习的方式也在发生变革。过去，我们习惯于通过阅读书籍、听讲座来学习。而现在，随着互联网和人工智能技术的发展，我们有了更多获取知识的途径，如可以通过网络课程、虚拟实验室、模拟游戏等多种互动式学习工具来获得知识。在线课程、开放式网络课程、虚拟现实（VR）体验等，都是现代技术赋予我们的新学习工具。这些工具打破了时间和空间的限制，让学习变得更加灵活和个性化。我们可以坐在家中学习世界一流大学的课程，也可以在虚拟环境中亲身体验历史事件。这些新型学习途径更加注重实践和体验，使学习变得更加生动和有效。我们需要培养一种持续学习的心态，这种心态意味着对未知保持好奇、对挑战保持勇气、对失败保持宽容。当我们将学习视为一种生活方式而不是一项任务时，我们就会在日常生活中不断寻找学习的机会，不断拓展知识的边界。

学习的参与者也不再局限于学生和教师。在这个知识共享的时代，每个人都可以是学习者，也可以是知识的创造者和传播者。我们可以通过社交媒体、博客、在线论坛等平台分享自己的知识和见解，与他人交流和讨论。这种开放式的学习，让知识的流动变得更加自由和广泛。学习的终极目标也在发生变化。在知识经济时代，学习不仅仅是为了应付考试或者获得文凭，而是为了培养终身学习的能力、为了适应不断变化的世界。学习成为一种生活方式、一种持续成长和自我提升的过程。

学习的边界正在被重新定义，它的空间、内容、方式、参与者和目标都在经历着翻天覆地的变化。在这个过程中，我们每个人都是探索者，也都是创造者。我们重新定义的学习边界，不仅仅是知识的扩展，也是情感与同理心的培育。我们让孩子们走进社会、走进他人的生活，了解不同文化和背景，从而培养一颗包容与理解的心。他们的心灵如同被温暖的阳光照耀，将学会在差异中寻找共鸣、在多样性中发现和谐。

在这样的教育下，孩子们不再是被塑造的对象，而是自主成长的主体。他们的学习不再是一条被划定的轨迹，而是一片无边的天空，等待着他们用梦想的翅膀去丈量。在这片天空中，没有终点，只有无限的可能性，每一次飞翔都是对自我极限的挑战和超越。

设计有趣的观察任务和问题

在思考的世界里，有一面神奇的镜子，它不仅能映照现实的模样，还能反射无尽的幻想与好奇。这面镜子被称为"观察任务与问题之镜"。它的框架镶嵌着各种多彩的宝石，每一颗宝石都是一个有趣的观察任务，每一道光芒都是一个引人深思的问题。

我们捡起一颗名为"城市的脉动"的宝石，将它安置在心灵的窗台上，透过这晶莹的透镜，城市的喧嚣变成了一幅动态的画卷。街道上行人如织，他们的脚步声汇成一首城市的交响乐，每个过往的面孔都是一段未完成的故事。我们可以设计这样的问题："如果街道是血脉，那么这座城市的心脏又是在哪里跳动？"

我们再捡起一颗名为"自然的密码"的宝石，将其紧贴心房，而后走进郁郁葱葱的森林。树木低语着岁月的智慧，风儿轻拂着叶间的秘密。我们可以问自己："如果风是画家，它会在这片林间留下怎样的画作？"

又或许，我们会选择一颗名为"孩童的想象"的宝石，将它放在梦境的摇篮中，随孩子们的笑声摇摆。我们在午后的公园里，观察孩子们的游戏，他们用沙子建造城堡、用秋千飞向云端。我们可以思考这样的问题："如果童年是一个魔法师，它能变出什么最奇妙的魔法？"

在孩子的成长旅程中，观察能力的培养是一块垫脚石，它能引领孩子走向更广阔的知识海洋。设计有趣的观察任务和问题，不仅能够点燃孩子的好奇心，还能锻炼他们的专注力、思考力和创造力。

我们可以从孩子最熟悉的环境入手，设计家庭探索任务。比如，让孩子成为"家庭用品侦探"，观察家中的各种物品，并回答，如"我们家最常用的电器是什么"或者"餐桌上最常见的食物有哪些"等问题。这样的任务可以让孩子在日常生活中练习观察和分类，同时也能增进他们对家庭生活的了解。比如，我们可让孩子观察家庭成员的一日三餐，回答如"我们家最喜欢吃什么蔬菜""妈妈做饭的时候，最常用的调料是什么"等问题。这样的观察任务可以让孩子更加关注家庭生活，也能增强他们的观察力和记忆力。

我们还可以利用孩子对自然界的好奇心，设计户外探险任务。比如，带孩子去公园或郊外，让他们观察树木、花草、昆虫等自然元素，并回答如"这只蚂蚁是怎么搬运食物的"或者"这朵花为什么会吸引蜜蜂"等问题。通过这些问题的引导，孩子可以学会观察自然界的奥秘，培养生态意识。我们也可以利用孩子天生对动物的喜爱，设计一些关于动物的观察任务。比如，带孩子去动物园或公园，让他们观察不同动物的行为习性，回答如"猴子为什么喜欢互相梳理毛发""鸟儿是怎样筑巢的"等问题。通过这些问题，孩子可以学会观察细节，同时了解生物的生存策略。

植物的世界同样充满了奇妙，我们可以鼓励孩子在家中或户外进行植物观察。比如，种植一棵豆芽，让孩子记录它的生长情况，回答如"豆芽为什么会朝着阳光生长""植物是怎样吸收水分的"等问题。这样的观察任务可以让孩子理解生命的过程，并培养他们的耐心和细心。

节日的到来和季节的更替也是设计观察任务的好时机。我们可以让孩子们记录不同节日的习俗，观察季节更替带来的变化，回答如"中秋节为什么要赏月""秋天的树叶为什么会变黄"等问题。这样的任务可以让孩子更好地理解节日和季节的特点，同时也能够锻炼他们的观察和推理能力。天气的变化也是很好的观察主题。我们可以教孩子记录每天的天气情况、观察云的形状变化，回答如"为什么云会有各种不同的形状""雨后为什么会出现彩虹"等问题。通过这些问题，孩子可以学习到气象知识，同时也能够锻炼他们的观察和推理能力。

我们还可以结合艺术和手工活动，设计创意观察任务。比如，让孩子用画笔记录下他们眼中的世界，或者用废旧物品制作手工艺品。在这个过程中，孩子们可以观察物体的形状、颜色和质地，回答如"这个物体看起来像什么""我可以用这些材料制作出什么"等问题。这样的任务可以激发孩子的想象力和创造力。我们可以设计一些关于日常生活的观察任务，还可以通过游戏来设计观察任务。

比如，玩"找不同"游戏，让孩子找出两幅图画中的不同之处；玩"记忆大挑战"，让孩子在短时间内记住一系列物品，并回忆它们。这些游戏可以在娱乐中锻炼孩子的观察力和记忆力。

我们可以利用科技产品，设计数字化的观察任务。比如，使用平板电脑的摄像头，先让孩子们拍摄周围的景物，然后进行图片编辑或制作电子相册。这样的任务可以让孩子在玩乐中学习到数字技术的应用，同时也能够锻炼他们的观察和操作能力。

现在，就让我们一起开启一段奇妙的探索之旅，通过一些设计精巧的观察任务和小方法，去探寻那些被忽略的细节，解答那些引人思考的问题。

【任务一】城市野生动物大搜寻

看似冷漠的都市丛林，实际充满了生机。动物以各种形式在这里生存，而我们的任务就是去发现它们。设置一个"城市野生动物大搜寻"的任务，以"天"为单位记录下城市中的野生动物足迹。无论是高楼间的飞鸟，还是公园里的小松鼠，抑或夜晚路灯下的昆虫，都是这座城市中不可忽视的生命。

【问题小方法】

—— 观察动物的活动时间，了解它们的生活习惯。

—— 分析人类活动如何影响这些动物的生活，如声音、光污染等。

—— 探讨我们可以如何改善环境，为城市中的野生动物创造更好的生存条件。

【任务二】色彩的秘密

大自然是最好的艺术家，它用色彩绘制了一幅幅美丽的画卷。设置"色彩的秘密"这一观察任务，邀请大家去发现自然界中的色彩之谜。从蓝天到花朵、从蝴蝶翅膀到变色龙，每一种颜色都有其独特的意义和功能。

【问题小方法】

—— 寻找自然界中的颜色组合规律，如哪些颜色经常一起出现。

—— 研究颜色与生物行为之间的关系，如保护色、警示色等。

—— 思考人类对颜色的偏好是如何形成的，以及这种偏好在生活中的应用。

【任务三】声音地图

声音是无形的，但它却在我们的生活中扮演着重要的角色。设置"声音地图"任务，鼓励大家去记录一天之内所能听到的各种声音，并尝试绘制一张声音地图。从清晨的鸟鸣到夜晚的虫鸣，从街道上的车流声到咖啡馆里的交谈声，每一种声音都承载着这座城市的故事。

【问题小方法】

——记录不同的声音，并注意它们出现的时间、地点和频率。

——分析声音对人类情绪的影响，如安静的环境让人放松，嘈杂的环境使人紧张。

——设想如何利用或改变声音，以创造更加和谐的生活环境。

富有创意的观察任务和问题，不仅能够锻炼孩子的观察能力，还能够让孩子更深入地理解我们所生活的这个世界。让孩子放慢节奏，用心去感受、用眼睛去探索、用耳朵去聆听，让生活的每一刻都变得不平凡。

以下是一些创造性的方法，可帮助我们设计引人入胜的观察任务，让探索成为一种生活的艺术。

选择一个主题。这个主题可以是自然界的一个小角落，如公园里的昆虫世界；也可以是城市中的一个细节，如街道上的建筑风格；或者是人群中的一种行为，如公共场所中的人际互动。总之，选择一个你感兴趣的主题，这样你在观察时才能保持热情和耐心。

设定观察的时间和地点。时间和地点的选择会直接影响你的观察结果。比如，观察植物的生长，你可以选择在不同的季节进行；观察人的行为，你可以选择在工作日或周末的不同时间点进行。总之，确保你有足够的时间去深入观察，并不被打扰。

准备观察工具。根据观察任务和记录习惯选择适合的工具，如记录你的所见所感，有笔记本和笔就足够；想捕捉那些稍纵即逝的瞬间，就要准备相机或录音设备。

制订观察规则。确定观察的频率，如是否每天观察一次；确定观察的角度，如是否从不同的视角进行观察；或者确定观察的内容，如是否专注于某个特定的行为模式。总之，制订规则后，可以帮助你有目的地观察，避免信息过载。

保持好奇心和开放性。在观察的过程中，你可能会遇到意想不到的情况，或者发现新的问题。保持一颗好奇的心，对新事物保持开放的态度，这样一来，观察任务才会充满乐趣和惊喜。

分享发现。将观察结果整理成故事、图片或报告，与他人分享。这不仅能够激发他人的好奇心，还能让你从别人的反馈中获得新的灵感，进一步提升你的观察技巧。

设计有趣的观察任务是一种探索世界的方式，它要求孩子有目的、有计划地进行观察，同时也要有创造力和想象力。通过观察，孩子可以发现生活中的小秘密，体验到知识的乐趣，甚至对某个领域做出进一步的研究。

在这些观察任务和问题的指引下，孩子的想象力如同被施了魔法，它们跳跃、旋转、飞翔，穿越现实的边界，探索未知的领域。每一项任务都是一次冒险，每一个问题都是一扇通往新世界的门。

设计这些有趣的观察任务和问题，就像是在宇宙的画布上点缀星辰，每一颗星星都在讲述一个独特的故事。它们教会孩子以不同的视角看待世界。让我们和孩子一起拿起想象的放大镜，去发现生活中的美好和奇妙吧！

引导孩子进行观察、思考和讨论

在孩童心智的花园里，思想之花正静待绽放，而我们要做的就是学会轻柔地引导他们观察、思考与讨论，让每一朵花儿都能在阳光下绚烂开放。

我们开始于最简单之事——一粒沙、一滴水。在这微小的世界里，孩子的目光被吸引，他们的好奇心被点燃。"这是什么？"我们以问题为指引，带领他们在观察的海洋中航行。他们学会了用心凝视、用耳朵倾听、用心感受。在这个过程中，每一次发现都是一次胜利的欢呼，每一个疑问都是智慧的种子在心中生根。

我们不应急于给出答案，而是让孩子在空中建筑他们的梦想。他们的思维如同彩虹，连接着天际的两端，跨越了逻辑的界限。在这样的引导下，他们学会思考，不再是直线地追寻，而是曲线地探索。他们在问题的迷宫中寻找出口，每一次克服困难都是对自我认知的挑战。

小 A 和小 C 的父母给他们出了一个问题："青少年每天使用手机多久比较合理？"这个问题贴近孩子的生活，能够引起他们的共鸣。小 A 和小 C 又找来了几位同学参与这次讨论。

知识准备——家长首先为孩子提供有关手机在课堂上使用的正、反两方面的信息，让他们了解这一行为可能会带来的影响。

思维激活——家长提出几个开放性问题："手机的使用有哪些潜在的好处？""会带来哪些问题？""我们应该如何权衡利弊？"这些问题像钥匙一样，打开了孩子思维的大门。

分组讨论——孩子被分成小组，每个小组需要讨论并整理自己的观点。小组成员之间互相启发、共同梳理论点，锻炼了他们的协作和沟通能力。

角色扮演——为了增加活动的趣味性，家长可以让孩子进行角色扮演。赞成者和反对者分别站在不同的立场，为即将到来的辩论做准备。

辩论展示——辩论开始，小组人员轮流上台陈述自己的观点。小 A 和小 C 认为应该限制手机使用的时间，他们提出手机会分散注意力、影响学习效率等观点。

指导总结——活动结束后，家长带领孩子进行总结。每个孩子都有机会表达自己在讨论中的感受，以及对未来类似讨论的看法。

通过这次活动，孩子不仅学会了如何组织语言、表达观点，更重要的是学会了如何倾听他人、理解不同的观点，并且在此基础上构建自己的思考。

观察和讨论是思想的盛宴。我们围坐在知识的圆桌旁，每个孩子都是主人，他们分享着自己的观察和思考。我们不仅要鼓励他们发言，还要引导他们学会倾听。在这些交流中，他们的思想碰撞出火花，他们的心灵交融成一首和谐的交响曲。

作为家长，我们应该引导孩子去观察、思考和讨论，从而开启他们心智成长的奇妙之旅。

创造一个充满好奇和探索的环境。孩子天生就有探索世界的欲望，我们可以通过提供各种各样的材料和活动来满足他们的好奇心。比如，我们可以带孩子去自然公园观察植物和动物，或者在家中设置一个小实验室进行简单的科学实验。这些活动都能够激发孩子的观察兴趣，让他们在实践中学习和发现。

我们还可以从日常生活中寻找观察的素材。比如，在带孩子去公园或郊外时，可以引导他们观察周围的环境，回答如"这只小鸟为什么会在树上唱歌""这片云朵看起来像什么"等问题。通过这些问题，孩子可以学会用不同的视角去观察事物，从而培养他们的观察力。

我们也可以通过提问来引导孩子进行深入的思考。当孩子观察到某个现象时，可以进一步提问："你觉得这是为什么呢？""这和你之前学到的知识有什么联系？"这样的问题可以激发孩子的思考力，帮助他们将观察和知识相结合。

讨论是培养孩子表达能力的有效途径。我们可以先鼓励孩子分享他们的观察和想法，然后引导他们进行小组讨论。在这个过程中，孩子可以学会倾听他人的观点，表达自己的想法，同时也能够锻炼他们的批判性思维能力。

我们还可以设计一些游戏来引导孩子进行观察思考和讨论。比如，在玩"猜谜语"游戏时，可以让孩子通过观察和思考来猜出答案；在玩"角色扮演"游戏时，可以让孩子在游戏中进行讨论和决策。这些游戏都可以在娱乐中锻炼孩子的各项能力。

家长的示范也是非常重要的。我们可以通过自己的行为来示范如何进行观察、思考和讨论。比如，当我们观察到某个现象时，可以和孩子一起分享我们的观察和想法；当孩子提出问题时，可以和他们一起探讨答案。这样的示范可以让孩子更好地学习这些技能。

我们应鼓励孩子提问和勇敢表达自己的想法。当孩子对周围的环境产生疑问时，应该鼓励他们提出问题，并引导他们自己寻找答案。同时，我们也应该鼓励孩子表达自己的观点和想法，无论是通过言语还是绘画等形式，这样可以帮助他们建立自信，学会独立思考。

通过故事和游戏引导孩子进行思考。故事是激发孩子想象力和思考力的好方法。我们可以给他们讲述寓言故事或科幻故事，让孩子在故事中寻找深层的含义，或者让他们想象故事的另一种结局。此外，策略游戏和益智玩具也能够锻炼孩子的逻辑思维和问题解决能力。

组织小组讨论和角色扮演活动。通过小组讨论，孩子可以学习如何倾听他人的意见，如何表达自己的观点，以及如何进行合理的辩论。角色扮演则可以让他们在模拟的情境中体验不同的角色，从而培养其同理心和批判性思维。

以下是几种简单而有效的小方法，我们可以在家庭环境中轻松实践，以引导孩子开启思考之旅和热烈讨论。

1. 提问法

开放式问题：使用"为什么""怎样"等开头的问题，激发孩子的好奇心和探究欲，鼓励他们深入思考。

假设性问题：提出假设性的情况，如"如果世界上没有学校会怎样"等。这类问题可以拓宽孩子的思维边界。

2. 角色扮演

让孩子扮演不同的角色进行讨论，如科学家、历史人物或文学作品中的角色等，这可以帮助他们从不同的视角思考问题。

3. 思维导图

和孩子一起绘制思维导图，将一个中心主题分解成多个分支，每个分支下再延伸出相关子主题。这种视觉化的方法有助于帮助孩子学会整理和分析信息。

4. 辩论赛

组织简单的辩论赛，让孩子站在正方或反方的立场，就一个话题进行友好的辩论。这样的活动能够锻炼他们的逻辑思维能力和应变能力。

5. 故事接龙

我们可以先讲一个故事的开头，然后让孩子继续接龙讲述故事的发展情节。这种方法可以增强孩子的创造力和想象力，同时让他们学会如何组织语言和表达思想。

6. 日常决策练习

在日常生活中，让孩子参与决策过程，如选择晚餐菜单或计划周末活动。这么做可以教会他们如何权衡利弊并做出选择。

7. 读书会

定期与孩子一起阅读书籍，并就书中的内容或主题进行讨论。这不仅能提高他们的阅读兴趣，还能培养他们的批判性思维能力。

8. 情感共鸣

当孩子分享自己的经历或情感时，问问他们是怎么想的，为什么会有这样的感受。这有助于培养孩子的同理心和情感智力。

9. 创意写作

鼓励孩子进行创意写作，如写一篇日记、一个短故事或一首诗。写作是表达思想和情感的重要方式，能有效促进孩子的思考能力。

我们的目标是让孩子成为观察的猎户、思考的哲学家、讨论的辩士。在这个目标的照耀下，他们的每一次观察都会更加深刻，每一次思考都会更加独立，每一次讨论都会更加自信。

鼓励孩子提出自己的观点和解决方案

在知识的宇宙中，每一颗星星都是一个独特的观点，每一道光芒都是一个创新的解决方案。而在这无垠的星海之中，我们鼓励孩子成为勇敢的探险者，让他们的声音如同星光一样闪耀，照亮前行的道路。

我们要鼓励他们大胆地说出自己的想法，这些想法如同初升的星星，微弱却充满潜力。

在这个过程中，我们不要急于评判，而应该像夜空一样包容。我们应给予孩子们足够的空间，让他们的思想自由飞翔；我们应倾听他们的每一个想法，就像聆听夜晚海上的风声，既温柔又充满期待。

在一片欢声笑语中，小D的家里又上演了一幕温馨的对话。今天的主题是一次家庭旅行计划，而小D却意外地成了讨论的焦点。

"妈妈，我觉得我们可以去海边，因为我听说那里有很多有趣的贝壳可以捡。"小 D 兴奋地提出了自己的想法。

父母相视一笑，他们并没有立即给出答复，而是鼓励小 D 继续阐述他的想法。"那是个不错的想法，小 D，你能告诉我们为什么你觉得去海边是个好主意吗？"爸爸问道。

小 D 的眼睛亮了起来，他开始兴奋地讲述海边的乐趣，从在沙滩上玩耍到海里的游泳，再到晚上可能举行的篝火晚会。他的想象力和对细节的关注让在场的大人都感到惊讶。

"但是，我们需要考虑的不仅仅是乐趣，还有安全问题，你有什么想法吗？"妈妈接着问。

小 D 先沉思了一会儿，然后认真地回答说："我们可以提前了解天气预报，确保天气晴朗。而且，我们可以找一个有救生员的地方，这样即使我和朋友去游泳也会很安全。"

父母听后非常满意，他们不仅赞赏了小 D 提出建议的勇气，还对他周到的考虑表示肯定。最终，家庭旅行的目的地被定在了海边，而小 D 也为自己的积极参与和解决问题的能力而感到自豪。

这个对话场景展示了如何通过鼓励孩子提出自己的观点和解决方案来培养他们的创造力和独立思考能力。当孩子知道他们的想法被家长重视时，他们会更加自信、更愿意参与到决策过程中来。这不仅有助于他们成长为一个有主见的人，还能够锻炼他们在面对问题时积极思考应对策略的能力。

在这个小情节中，小 D 的父母没有直接告诉他该怎么做，而是给了他一个机会，让他能够表达自己的想法，并且在这个过程中教他学会了如何解决问题。这种方法不仅增强了家庭的沟通，也为小D提供了一个成长的平台，让他在实践中学习到了如何成为一个解决问题的高手。

在这个过程中，我们教会了孩子如何将观点转化为行动，如何在行动中寻找解决方案。他们的每一次尝试都是一次宝贵的经历、每一次成功都是对自信的增强。我们不害怕失败，因为失败是通往成功的必经之路，是那颗初升星星成长为耀眼明星的必经过程。

如何有效地鼓励孩子开口表达自己的想法，并积极寻找解决问题的方法呢？以下是一些实用的策略和方法。

我们要营造一个开放和包容的环境。在这样的环境中，孩子不害怕犯错，且敢于表达自己的看法。家长和教师可以通过肯定孩子的努力，鼓励他们去尝试，哪怕是不成熟的想法，也值得被倾听和讨论。

家长应该多用鼓励的话语，如"我很想听听你的看法"或"你对这个问题有什么独到的见解吗"来激励孩子发表意见。同时，当孩子提出想法时，无论它们是否成熟，我们都应该给予积极的反馈，哪怕简单地点头或微笑，都能让孩子感受到自己是被重视和被尊重的。

通过提问引导孩子深入思考。好的问题能够激发孩子的好奇心和探究欲，促使他们主动思考问题的多个方面。家长可以与孩子一起探讨日常生活中所遇到的问题，并通过提问来激发孩子的思维。

当面对一个问题时，我们可以邀请孩子一起来探讨："你认为这个问题的原因是什么？""如果让你来解决这个问题，你会怎么做？"这样的问题不仅能够引导孩子深入思考，还能够激发他们提出自己独特的观点和解决方案的兴趣。

比如，我们可以询问孩子："你认为怎样才能更有效地安排你的作业时间？""如果你负责规划家庭旅行，你会怎么做？"这样的问题不仅能够帮助孩子练习思考，还能够提高他们解决问题的能力。

以下是对培养孩子这些能力的几个小方法。

1. 提问的力量

每当孩子遇到问题时，家长可以首先抛出一个问题："你认为应该怎么办呢？"这个问题就像一把钥匙，打开了孩子思考的大门。通过提问，我们不仅给予了孩子表达看法的机会，还激发了他们解决问题的兴趣。

2. 倾听的耐心

当孩子给出答案时，不论是否成熟，父母都应该耐心倾听。这种耐心不仅是对孩子的尊重，还是对他们自信心的滋养。在这个过程中，孩子会感受到自己的意见被重视，从而更加乐于分享和探索。

3. 肯定的勇气

即使孩子的观点不够完美，也要给予肯定和鼓励。这种肯定不在于结果的正确与否，而在于孩子尝试和参与的过程。父母的一句"你的想法很有创意"或"我喜欢你的思考方式"，就能极大地激励孩子继续前进。

4. 实践的机会

理论总是需要通过实践来检验的。家长应为孩子提供将他们的想法付诸实践的机会，无论是家务分工还是周末的家庭活动计划，让孩子亲身体验决策的过程，使其从中获得成就感和责任感。在实践中，每个孩子都有机会发表自己的看法、听取他人的意见，并通过集思广益找到最佳的解决方案。这种方法不仅能够培养孩子的合作精神，还能够提高他们的社交技能。

5. 反思的智慧

每次讨论后，家长应和孩子一起回顾整个思考过程，帮助他们理解自己哪些地方做得好、哪些地方还可以改进。这样的反思不仅能帮助孩子总结经验，还能教会他们如何从错误中学习，在下一次做得更好。

上述五个小方法如同五道光芒，照亮了孩子成长的道路。在这条道路上，每一个孩子都能学会独立思考、勇于表达，自信解决问题。

作为父母，我们所要做的就是陪伴他们，用这些小方法激发他们无限的潜能，让他们在成长的旅途中，成为真正的小智者。

鼓励孩子参与决策过程。无论是家庭还是学校的小决策，让孩子参与其中，可以让他们感受到自己的意见是被重视的被需要的。例如，在计划家庭活动时，家长可以让孩子提出自己的想法，并认真听取他们的建议。这样的做法不仅能够提高孩子的自信心，还能让他们学会如何权衡不同的选择，并为自己做出的选择负责。

角色扮演和模拟游戏也是一种有效的方式。在这些活动中，孩子可以扮演不同的角色，如市长、老师或医生，并解决与这些角色相关的问题。这种模拟实践不仅能够让孩子在安全的环境中尝试和犯错，还能够激发他们的创造力和解决问题的能力。在一个模拟的情境中，孩子们可以扮演不同的角色，并从不同的角度出发，提出对问题的观点和解决方案。这种方法能够让孩子在游戏中学习如何站在他人的角度思考问题，同时也能够锻炼他们的表达能力和解决问题的能力。

我们应该成为孩子独立思考的榜样。在日常生活中，通过分享自己是如何解决问题，以及如何做出决策的过程，帮助孩子理解独立思考的重要性。同时，我们通过展示对不同观点的尊重和理解，也能够教会孩子如何在持有自己的观点的同时，欣赏和接受他人的想法。

鼓励孩子提出自己的观点和解决方案是一个涉及多方面技巧的过程。通过营造积极的环境、提出开放性问题，以及角色扮演、小组讨论和鼓励实践等方法，我们可以有效地激发孩子的创造力和问题解决的能力。

在这片星光璀璨的天空下，从羞涩的尝试到坚定的行动，从迷茫的探索到果敢的实践，让我们一起见证孩子们的成长。在这里，这些小小的探险者会在鼓励的话语中，绽放属于自己的光彩。

定期总结孩子的学习成果和进步

在孩子成长的旅途中，每一步都显得格外重要。作为家长，我们有责任确保他们的步伐走得坚实而有力。而定期总结孩子的学习成果和进步，便是确保这一目标的关键所在。这不仅是对孩子努力的认可，也是激励他们不断前进的动力源泉。

我们用时间的画笔在记忆的画布上描绘。每一次回顾，都是一次艺术的创作。我们见证孩子从蹒跚学步到稳健奔跑的过程，他们的每一步都印记着智慧的足迹。我们不仅应记录下他们的答案，还应重视他们解题的思路；不仅应庆祝他们的成绩，还应珍视过程中他们的努力与坚持。

在这些总结的时刻，我们与孩子的每一次眼神交汇都是一场心灵的对话。他们的进步，如同晨曦中的露水，清新而纯净；他们的成长，如同夜空中的星辰，璀璨而神秘。我们用心聆听他们的心声，如同聆听大自然的低语，每一句都充满了生命的韵律。

小 F 是一名小学四年级的学生，他的数学成绩一直不是很理想。通过与老师沟通，小 F 的父母了解到他在解题的逻辑思维方面有些欠缺。于是，他们开始定期总结小 F 的学习成果和进步，并制订了一套有针对性的学习计划。

每周，小 F 的父母都会检查他的数学作业，并与他一起复习错题。他们还鼓励小 F 参加学校的数学兴趣小组，通过参与游戏和竞赛来提高对数学的兴趣。每个月，他们都会与数学老师进行一次面谈，了解小 F 在课堂上的表现。

经过一个学期的努力，小 F 的数学成绩有了显著的提升，不仅在期末考试中取得了好成绩，而且在解决实际问题时也更加得心应手。小 F 的父母感到非常欣慰，他们知道这一切的改变都源于对小 F 学习成果和进步的定期总结。

定期总结孩子的学习成果和进步，就像在孩子的成长道路上设置一盏盏明亮的路灯，会照亮他们前进的方向。这种总结不仅能够帮助孩子认识到自己的优势和不足，还能够激发他们继续前进的动力。我们应该用心去观察、记录和总结，让每一个孩子都能在学习的道路上自信地走下去，并最终绽放属于自己的光彩。

每个孩子都是一颗破土而出的种子，需要充足的阳光和雨露才能茁壮成长。在教育的道路上，家长和老师就是那些为孩子提供养分的园丁。为了让这些幼苗更好地成长，定期总结孩子的学习成果和进步不仅是一种肯定的反馈，也是一盏指引孩子前进的明灯。

在成长的道路上，孩子的每一步都充满了探索期冀。作为家长，我们既是他们坚实的后盾，也是他们成长历程中的记录者。定期总结孩子的学习成果和进步，不仅是一种责任，还是一门艺术。它能够帮助我们更好地理解孩子的学习状态，调整教育方法，激励孩子自我提升，同时也为孩子留下珍贵的成长回忆。

定期总结孩子的学习成果和进步，可以帮助家长和老师及时了解孩子的学习状况，发现他们的长处和短处，从而更有针对性地对他们进行教育和辅导；同时，这也是对孩子努力的一种肯定，能够激励他们保持学习的热情和动力。

总结，不仅仅是对孩子一段时间内学习情况的回顾，还是对孩子学习方法、习惯、态度的一次全面梳理。通过总结，我们可以发现孩子在学习中的优点和不足，从而为下一步的学习规划提供依据。

定期总结是一种有效的反馈机制。在学习的过程中，孩子需要知道自己的努力是否得到了回报，哪些地方做得好、哪些地方还需要改进……这种反馈不仅能增强孩子的自信心，还能激发他们继续前进的动力。例如，在每周的家庭会议上，我们可以和孩子一起回顾过去一周的学习情况，表扬他们的进步，讨论他们遇到的困难，并共同寻找解决方案。

定期总结有助于培养孩子的自我评估能力。当孩子习惯于定期回顾自己的学习成果时，他们会逐渐学会进行自我监督和评估。这种能力对孩子未来的学习和生活都至关重要。我们可以通过提出问题引导孩子进行自我反思，如："这周你最满意的作品是什么？""你觉得自己在数学上有什么进步？"这样做能够鼓励孩子深入思考，培养他们的批判性思维能力。

定期总结是家长与孩子沟通的桥梁。在这个过程中，家长可以更深入地了解孩子的学习状况和心理状态，及时发现可能存在的问题。这种沟通不限于学习成绩，还包括孩子的兴趣、人际关系及学校生活等方面。通过这样的交流，家长可以更好地支持孩子，帮助他们应对挑战。

定期总结还是一种美好的记忆保存方式。通过记录孩子的成长点滴，无论是一张张精心制作的成绩单，还是一本本充满批注的作业本，都是孩子成长历程中不可或缺的一部分。这些记忆将成为家庭宝贵的财富，在未来的某一天，当孩子回望这些成长的痕迹时，必定会感慨万千。

每个孩子都渴望得到认可。当他们的努力被看见时，他们的自信心和成就感会大大增强。这种正面的情绪反馈能够激发孩子更大的学习热情，帮助他们在遇到困难时保持积极的态度，坚持不懈地追求卓越。

那么，如何进行高效的总结呢？以下是一些实用的建议。

设定固定的时间周期。根据孩子的学习情况和家庭的实际情况来确定总结的时间周期，可以是每周、每月或每学期，关键是要保持规律性，让孩子和家长都有心理准备，并将总结作为一种习惯固定下来。

采用多种形式。总结不一定局限于书面报告，可以是一次家庭会议，也可以是一张图表，或者是一次小小的庆祝活动。形式多样化可以让总结变得更加生动有趣。

关注过程而非结果。在总结时，不要只关注孩子的分数和排名，更应该关注孩子在学习过程中的努力和进步。即使成绩不理想，但只要孩子有进步，我们就应该给予肯定和鼓励。

与孩子一起参与。总结不应该只是家长的事，孩子也应该参与进来。让孩子自己评价自己的学习情况，这样可以培养孩子的自我反思能力。

制订改进计划。总结是为了孩子下一次更好地学习。因此，在总结的基础上，家长应和孩子一起制订具体的改进计划，明确下一步的目标和行动计划。

保持积极的心态。在总结时，即使发现了孩子的不足，我们也要保持积极的态度，避免批评和指责，用鼓励和支持来激发孩子的内在动力。

在学习的道路上，目标的设定至关重要。通过定期的总结，我们可以帮助孩子明确自己的长期和短期目标，让他们知道自己学习是为了什么，以及如何才能达到这些目标。这种目标意识的培养，对于孩子的自我驱动和未来的职业规划都具有不可估量的价值。

通过这样的总结，家长可以更好地了解孩子的学习状况，包括他们的强项和弱点。这种了解使得家长能够更加精准地帮助和支持孩子，无论是通过提供资源，还是通过调整学习计划，都能更好地满足孩子的个性化需求。

定期总结还能够培养孩子的反思习惯。在这个过程中，孩子不仅能够回顾自己的成就，还能思考自己面临的挑战和不足。这种自我反思的能力是孩子进行终身学习的重要技能，它能够帮助孩子在未来的学习和生活中不断实现自我提升和完善。

以下是对培养孩子这些能力的几个小方法。

1. 建立成长档案

创建属于孩子的个人成长档案，记录下他们每一次考试的分数、每一次作品的评价及老师和家长的评语。这些资料会像时间的印记一样，清晰地展示孩子在学习上的进步轨迹。

2. 设计评估表

设计一份简单的评估表，包括学科成绩、课堂表现、作业完成情况等。每个月或每个学期进行一次全面的评估，与孩子一起分析自己的强项和弱项，并设定下一阶段的目标。

3. 家庭会议

定期举行家庭会议，让孩子有机会表达他们的学习感受和困惑。家长可以在这个时间给予孩子正面的反馈和必要的指导，让总结的过程变成一种亲子互动的过程。

4. 激励计划

根据孩子的学习成果和进步，设立奖励机制。这不仅能增加孩子对学习的兴趣，还能让他们明白努力是有回报的。

5. 可视化进度追踪

制作一张可视化的进度墙或者进度图，将孩子的目标和成就用直观的方式展现。每当孩子达到一个小目标时，就在墙上贴一颗星星或者在图表上前进一格，让他们的进步变得可见、可感。

6. 利用数字工具

现代科技提供了许多便捷的工具，可以帮助家长和孩子一起追踪学习进程。使用学习管理软件或者应用程序，家长可以轻松记录和分析学习数据，为帮助孩子进行总结提供依据。

7. 反思日记

鼓励孩子写反思日记，每天花几分钟记录自己学到了什么，哪些地方做得好、哪些地方需要改进。这种习惯能够培养孩子的自我管理能力和批判性思维。

定期总结孩子的学习成果和进步，是一种简单却极为有效的教育实践。它不仅能够提升孩子的学习效果，培养孩子的自我评估和反思能力，还能够在情感上加深家长与孩子之间的联系。

在这个过程中，孩子们将学会自我反思，他们的思维也将如镜子，映照出自己的优势和不足。

促进孩子的团队合作和沟通能力

我们要让孩子理解，一个团队中每个成员都是一件独特的乐器，其奏出的声音虽然各异，却能和谐地谱成一首曲子。在相互合作的乐谱上，每一次眼神交流都是一段动听的前奏、每一次手的触碰都是一段完美的和弦。我们鼓励他们倾听彼此的声音，如同倾听大自然的低语。

在这个过程中，孩子学会了信任，这是团队合作的基石。他们对彼此的信任如同一座桥梁，连接着彼此的心灵，让他们能够在彼此的支持下勇敢地前行。他们学会了尊重，这是沟通的艺术。

在一个阳光明媚的周末，一所小学的操场上热闹非凡——一场运动会正在举行。这不是一场普通的运动会，而是一场特别设计的"梦想建设者"挑战赛。孩子们被分成若干小组，每组需要共同完成一个目标：建造一座能够承受一定重量的纸桥。这个任务不仅考验他们的创造力和工程技能，还考验他们团队合作和沟通能力。

在活动的初期，孩子们显得有些手足无措。有的孩子想要立即动手搭建，而有的孩子则主张先讨论设计方案。这时，老师的角色变得至关重要。老师没有直接给出答案，而是引导孩子们学习倾听、表达和交流。通过老师的引导，孩子们开始意识到每个人的想法都很重要，只有通过有效沟通，才能找到最佳的解决方案。

随着活动的深入，孩子们逐渐进入状态。他们学会了分工合作，有的孩子负责设计，有的孩子负责搭建，有的孩子负责测试和改进。在这个过程中，他们不仅学会了表达自己的想法，也学会了倾听他人的意见，并在此基础上提出自己的见解。当桥模型终于建成时，每个孩子的脸上都洋溢着自豪和喜悦。

这次"梦想建设者"挑战赛不仅是对孩子们团队合作和沟通能力的一次锻炼，也是孩子们的一次宝贵的人生体验。他们在实践中学到的，远远超过了纸上学到的理论知识。他们学会了如何在团队中发挥自己的作用、如何与他人协作、如何在面对困难时不放弃，并且勇敢地表达自己的观点。

通过这样的活动，孩子们的团队合作和沟通能力得到了显著的提升。他们不再是孤立的个体，而是能够携手并肩、共同面对挑战的小团队成员。这不仅仅是一次游戏，也是一节关于成长、关于友谊、关于未来的重要课程。

在未来的日子里，无论是在学习还是在生活中，这些孩子都将凭借着自己的团队合作和沟通能力，像今天在阳光下搭建纸桥一样，跨越一个又一个的挑战，最终达到梦想的彼岸。而我们，作为教育者和引导者，将继续为他们提供更多这样的机会，让他们在实践中成长，让团队合作和沟通能力成为他们通往成功之路上的坚实桥梁。

团队合作能够让孩子学会如何在集体中发挥自己的作用。在一个团队中，每个成员都有其职责和任务。通过参与团队活动，孩子可以学习到如何与他人协作、如何共同解决问题，以及如何在团队中找到自己的位置。这种体验对于孩子的自我认知和社会适应能力的发展至关重要。我们可以通过组织家庭游戏、学校项目或者社区服务等活动，让孩子在实践中体验团队合作的乐趣和挑战。

良好的沟通能力是团队合作的关键。有效的沟通能够帮助团队成员建立信任、减少误解，提高团队的整体效率。为提升孩子的沟通能力，我们可以鼓励他们表达自己的想法和感受，同时也要教导他们学会倾听他人的意见。家庭中的讨论会、学校的辩论赛或演讲比赛都是锻炼孩子沟通能力的良好平台。

通过团队合作和沟通，孩子能够学习到如何处理冲突和不同意见。在团队中，难免会遇到观点不合的情况。这时，孩子需要学会如何平和地表达自己的观点，如何妥协、协调，以达到团队的共同目标。这种能力的培养对孩子未来处理人际关系具有重要意义。我们可以通过角色扮演等游戏，帮助孩子在模拟的环境中练习这些技能。

团队合作和沟通能力的培养还能增强孩子的领导潜能。在团队中，孩子有机会承担领导角色，学习如何组织和动员团队成员、如何制订计划并带领团队达成目标，这些经历对孩子未来的职业生涯和个人发展都会产生深远的影响。我们可以通过鼓励孩子参与学校的学生会、俱乐部或其他兴趣小组，让他们在实践中锻炼领导能力。

作为家长，我们应该如何培养和促进孩子的团队合作能力和沟通技巧呢？以下是一些实用的策略和建议。

家庭环境的营造。家庭是孩子学习过程中经历的第一个环境，家长可以通过家庭活动来培养孩子的团队合作意识。比如，一起做家务、组织家庭游戏等，让孩子在参与中学会分工合作。家庭是孩子最初的社会小团体，通过家庭活动，如共同完成家务、组织家庭出游等，孩子可以在实践中学习协作和分工。学校和社区也可以提供丰富的团队活动，如分组学习项目、体育竞赛和艺术表演等，这都是锻炼孩子团队合作能力的绝佳机会。

鼓励孩子进行角色扮演游戏。角色扮演是一种让孩子置身于不同情境中的游戏，它要求孩子扮演不同的角色并解决问题。在这个过程中，他们不仅能够学习如何表达自己的观点，还能够学习如何倾听他人的意见，并在此基础上进行合作。例如，教师可以设计一个"小小联合国"的活动，让每个孩子代表一个国家，大家一起讨论如何解决一个全球性的问题。这样的活动能够锻炼孩子的沟通技巧，同时也能增强他们的团队意识。

培养孩子的沟通能力。家长可以通过阅读、讲故事、辩论等活动，帮助孩子丰富词汇，提高其语言组织能力，让他们能够更清晰、更有逻辑地表达自己的观点。沟通技巧的提升需要更多的语言实践。家长可以通过日常对话，鼓励孩子表达自己的观点，同时教会他们如何倾听和理解他人的意见。在学校，教师可以设计一些辩论赛、演讲和讨论的活动，让孩子在表达和交流中磨炼自己的语言能力。

教育孩子学会尊重和包容。在团队合作中，尊重和包容是非常重要的。家长要教育孩子理解每个人都有自己的长处和短处，学会欣赏他人的优点、接受他人的不足。我们还可以通过阅读和故事讲述，向孩子介绍团队合作和沟通的重要性。通过故事中的角色和情节，孩子可以形象地理解这些概念，并在日常生活中加以应用。例如，我们可以让孩子讲述历史上的团队合作案例，或者分享成功人士的沟通经验，从中吸取智慧。

模拟团队情境。家长可以设计一些团队任务，如建造一个模型、完成一个项目等，让孩子在完成任务的过程中学会协作和沟通。团队建设游戏是培养孩子团队合作能力的直接方式。通过完成一系列需要团队合作的任务，孩子可以学习如何分工协作、如何共同面对挑战。比如，家长可以组织孩子开展"寻宝任务活动"，将孩子分成几个小组，通过解决一系列的谜题和挑战来找到宝藏。这不仅能够锻炼孩子们的合作能力，还能够让他们在乐趣中学会相互信任和相互支持。

反馈和总结。每次活动后，家长可以和孩子一起回顾团队合作的经历，讨论哪些地方做得好、哪些地方还需要改进，通过反思来提升团队的协作能力。其实，在任何团队合作的活动结束后，都应该有一个反思和分享的环节。这个环节可以让孩子回顾自己在活动中的表现，分享自己的感受和所学习到的东西。教师可以引导孩子讨论哪些做法是有效的、哪些地方还需要改进。这样的反思不仅能够帮助孩子巩固自己所学到的技能，还能够让他们意识到自己在团队合作中的价值和重要性。

促进孩子的团队合作和沟通能力是一项系统工程，需要我们持续努力。在合作与沟通的舞台上，孩子们会一起欢笑、一起成长。作为家长，我们不仅要记录孩子的成就，更要记录下他们的友谊和爱，这些，才是他们团队合作中最宝贵的财富，也是他们通过沟通获得的最珍贵的礼物。

培养孩子的创新精神和实践能力

在这个发展快速的时代，孩子如同站在巨人的肩膀上，眺望着无限的可能。然而，真正的成长并非仅仅积累知识那么简单，它更关乎如何激发孩子的创新精神和实践能力，让他们成长为能够驾驭未来的探索者。

我们要告诉孩子，每一个想法都是一颗种子，需要耕耘与灌溉才能生根发芽。我们要鼓励孩子将好奇心变为行动的驱动力、将疑问变为探索的起点。我们需要在孩子的心田种下创新与实践的火种，并让这火光照亮前行的道路，让这火焰点燃探索的热情。

孩子对世界总是充满好奇，对未知的事物总有满满的探索欲。小 A 就是这样一个典型的小学生，他对世界充满疑问，总爱亲自尝试解答自己的"为什么"。他的父母并没有直接给他答案，而是通过一系列巧妙设计的家庭活动来引导他。一次，他们给了小 A 一个看似简单的挑战——制作一只可以漂浮在水面上的小船。

　　小 A 先是用纸折了一只小船，却发现它很快就湿透并沉了下去。他没有放弃，转而寻找其他材料。他尝试了塑料、铝箔甚至树叶。每一次失败后，他都仔细观察、思考原因，并在此基础上进行调整设计。最终，他用一块薄木板和几个密封袋制作了一个稳固而轻盈的模型，这个模型不仅能在水盆中漂浮起来，还能承载一些小石子。

　　在这个过程中，小 A 不仅学会了物理原理，更重要的是他还体验到了从失败中不断学习、不断尝试直至成功的快乐。他的创新精神在父母的鼓励下得到充分的发挥，实践能力也在一次次的试验中得到锻炼。

　　初中生小 C 的老师不遗余力地推动孩子们的创新实践教育。科学课上，老师没有照本宣科，而是组织了一场"迷你火山爆发"实验。学生们分组进行，由自己准备材料，设计实验方案。他们利用醋和小苏打反应所产生的二氧化碳气体模拟岩浆喷发的过程，既安全又直观。每个小组都争先恐后地展示自己设计的"火山"，课堂顿时变成了一片欢乐的海洋，充满了创造力的火花。

　　除了科学实验，学校还鼓励学生参与社会服务活动。小 C 和同学在一个社区园艺项目中负责设计一个小型菜园。他们考虑了植物的生长习性、土壤条件及水源问题，最终设计出一个既美观又实用的菜园。在这个过程中，小 C 学会了如何将理论知识应用到实际问题中，同时也培养了自己的团队合作能力和责任感。

　　无论是家庭还是学校，都是培养孩子创新精神和实践能力的摇篮。关键在于我们要为孩子创造一个自由探索的环境，给予他们足够的信任和支持，让他们在实践中学习、在失败中成长、在创新中找到自我。

当我们回望孩子的这些成长历程，不难发现，每一次的尝试和努力，都是他们通往未来的阶梯。培养孩子的创新精神和实践能力，不仅是为了帮助他们解决眼前的课题，也是为他们打开一扇扇通向未知世界的大门。在这里，没有标准答案，每一个孩子的想法都值得尊重，每一个尝试都有机会闪耀。

当今社会，创新精神和实践能力成为衡量一个人竞争力的重要标准。对于正处于成长阶段的孩子来说，这两项能力的培养尤为重要，它们不仅能够激发孩子的潜能，还能帮助他们在未来的社会中立足。因此，如何有效地培养孩子的创新精神和实践能力，成了每位教育者应该深思的课题。

我们要理解创新精神和实践能力的内涵。创新精神指敢于挑战传统，勇于尝试新事物，不断寻求改进和创造的心态。而实践能力则指将理论知识应用到实际中，通过动手操作的方式解决问题的能力。两者相辅相成，共同构成了孩子面对未来挑战的重要力量。

在这个过程中，我们应教会孩子们如何从失败中吸取教训、如何在挑战中寻找机遇。只有这样，他们才能学会不畏惧风雨，勇敢地迎接每一次跌宕起伏。他们的实践能力如同宝剑，每一次实践对他们而言都是一次难得的磨砺。我们要让孩子明白，每一次尝试都是一次宝贵的旅程，每一次实践都是一次成长的足迹。

那么，我们该如何在日常生活中激发孩子的创新精神，又该如何引导他们将创意转化为实际行动呢？

营造开放的家庭环境。家庭是孩子成长的第一课堂，家长应该为孩子提供一个自由、开放的环境，鼓励孩子提出问题和想法，不拘泥于固定的答案和模式。激发孩子的创新精神，需要我们营造一个自由探索的环境。家庭是孩子最初的实验室，家长可以通过简单的科学实验、艺术创作等活动，鼓励孩子发挥想象力去尝试新事物。学校和社区也应该提供丰富多样的资源，如创客工坊、科技竞赛等，让孩子在玩乐中学习，从实践中发现创新的乐趣。家长还可以通过提供各种材料和工具，鼓励孩子进行自由探索和创造。无论是用积木搭建城堡，还是用彩纸制作手工艺品，这些活动都能够激发孩子的想象力和创造力。

鼓励孩子尝试和探索。不要害怕孩子会犯错。失败是成功的前提，家长应该鼓励孩子大胆尝试，哪怕是未知的领域，也要支持他们积极探索和实践，即使失败也不要气馁。我们需要给予他们更多"动手做"的机会。无论是参与家务劳动，还是参加学校的课程项目，甚至是从事社区的志愿服务，都是锻炼孩子实践能力的好途径。通过这些活动，孩子不仅能够学会基本的生活技能，还能培养解决问题的能力。在孩子遇到困难时，我们应提供指导让孩子学会自己解决问题，而不是直接加以干预；同时，我们也应该表扬孩子的努力和进步，而不是只关注结果。这样可以帮助孩子建立自信，激发他们的潜能。

提供多样化的学习资源。家长可以为孩子提供各种书籍、工具、材料等资源，让他们在阅读和操作中激发想象力和创造力。我们要明白，创新并非遥不可及，它可以是生活中一点微小的改变。比如，家长让孩子设计一张家庭聚会的邀请函，从选纸、绘制图案到书写文字，鼓励他们思考如何让邀请函设计得更有特色、更能表达心意。这样的活动既简单易行，又能让孩子在实践中学习到审美和解决问题的技巧。

教育孩子学会批判性思维。批判性思维是创新的基础，家长可以通过讨论、辩论等方式，培养孩子独立思考和分析问题的能力。阅读也是培养创新能力的重要途径。鼓励孩子阅读关于科学家、发明家的书籍，了解他们的思考过程和实验方法。书籍中的故事会激发孩子的好奇心，而好奇心是创新的源泉。

加强实践活动。家长可以组织一些科学实验、手工制作等活动，让孩子在实践中学习知识，提高动手能力。通过亲身实践，孩子不仅可以锻炼逻辑思维，还能创造属于自己的手工作品等。虽然这样的过程充满挑战，但完成作品的那份成就感将极大地激励他们继续探索和创新。实践能力的培养更多需要的是动手操作。家长可以引导孩子参与家务劳动，如修理家具、烹饪食物等，让孩子在实际操作中锻炼技能。学校可以组织科学实验、技术制作和社会实践等活动，让孩子在实践中学习解决问题和管理项目。社区也可以设立一些工艺坊或科技工坊，让孩子在专业人员的指导下提升实践能力。

鼓励孩子参与竞赛、游戏等项目。参加科技竞赛、创意比赛等活动，可以让孩子在竞争中锻炼自己的创新能力和实践技巧。另外，我们可以通过游戏来培养孩子的创新思维，如进行"如果我是设计师"的游戏，让孩子设计一款新型的玩具或者改进家中常见的物品，让孩子思考怎样让椅子更舒适或如何使书桌更节省空间等问题。在这个过程中，孩子不仅能够发挥想象力，还能学会从用户的角度出发考虑问题。

强化团队协作。团队合作能够激发孩子创意的火花，作为家长，我们可以鼓励孩子参与团队项目，学会与他人合作，共同解决问题。我们还可以通过阅读和故事讲述，向孩子介绍创新和实践的重要性。通过故事中的角色和情节，孩子可以形象地理解这些概念，并在日常生活中加以应用。例如，我们可以讲述科学家的发明故事或者分享创业者的实践经验，让孩子从中汲取智慧。

定期进行总结和反思。每次活动或项目完成后，家长可以和孩子一起总结经验，分析成功和失败的原因，不断提升创新能力和实践技巧。我们需要为孩子创造一个宽松的环境，让他们不害怕犯错。在尝试新事物时，错误是不可避免的，而从错误中学习则是进步的阶梯。家长和教师应该鼓励孩子勇敢尝试，成功了总结经验、失败了分析原因，不断进行优化改进。我们应该成为孩子的引导者和支持者，而不是指挥者。当孩子展现好奇心时，我们要耐心回应；当孩子提出创意时，我们要给予肯定；当孩子遇到困难时，我们要鼓励他们自己寻找解决方案。这样的过程，比任何直接的教导都要有效、有意义。

　　激发孩子的创新精神和实践能力是一个全方位的教育过程。我们需要为孩子创造一个充满好奇和孩子乐于探索的成长环境，给予他们充分的实践机会，并在这个过程中采取正确的方式进行引导。

　　创新不是孤立的岛屿，而是连接着广阔海洋的桥梁。孩子的每一次思考都是对未来的塑造、每一次实践都是对梦想的实现。在这个过程中，他们将展现创新的精神、实践的能力，并创造一个充满无限可能的未来。

第五章

- - - 和孩子建立联结感 - - -

让孩子感受到无条件的爱

家长要成为一个耐心且专注的引导者

耐心是一条长长的河流，它静静地流淌在家长的心田，用温柔的力量滋养着孩子的每一次尝试与探索。它如同春风拂过嫩芽，不急不躁，给予生命足够的时间去绽放；它如同夏雨润泽大地，不疾不徐，给予种子足够的空间去生根。家长的耐心是一种深沉的爱，它不计较时间的流逝、不畏惧困难的阻挡，只在乎孩子在成长的旅途中收获每一个小小的胜利。

专注则是一支精准的箭矢，它直指目标，不被外界的喧嚣所动摇。它如同秋日的阳光，闪耀而明亮，照亮孩子前进的道路；它如同冬夜的篝火，温暖而坚定，驱散孩子心中的迷茫与不安。家长的专注是一种力量，它不畏浮云遮望眼，不惧风浪打头阵，只为孩子在知识的海洋中行稳致远。

中学生小F的学习成绩中等，性格内向。父母发现他在学习上总是提不起兴趣，经常分心。面对这样的情况，小F的父母没有选择责备或放弃，而是决定用耐心和专注来引导他。

首先，小F的父亲开始关注他的兴趣爱好。他发现小F对历史特别感兴趣，于是鼓励他多读历史书籍，并和他一起讨论历史事件。在这个过程中，父亲始终保持着耐心，不论小F提出多么简单的问题，他都耐心解答、不厌其烦。

同时，小F的母亲也在家庭环境中营造了一个专注的氛围。她帮助小F控制自己每天看电视和玩网络游戏的时间，并帮助小F培养每天固定时间学习的习惯。在小F学习时，母亲也会耐心鼓励他，给予小F无限的支持和鼓励。

随着时间的推移，小F的学习习惯逐渐改变。他开始能够专注于学习，成绩也有了明显的提升。更重要的是，他对学习的态度发生了根本的转变——不再是被动应付，而是主动探索。小F的父母看到了自己耐心和专注的结果，但他们并没有停下脚步。

为了进一步激发小F的潜能，父母开始鼓励他参加各种竞赛和活动。他们认为，这些活动不仅能够锻炼小F的能力，还能够增强他的自信心。果然，小F在一次历史知识竞赛中获得了优异的成绩，这对他的自信心是一次巨大的提升。

小F的故事告诉我们，家长的耐心和专注是孩子成长的重要支撑。通过耐心的引导和专注的支持，家长可以帮助孩子找到自己的兴趣，培养其良好的学习习惯，最终实现自我价值的提升。

在这个快节奏的时代，家长们面临着前所未有的挑战，工作压力、家庭责任、孩子的教育问题交织在一起，使得保持耐心和专注成为一项艰巨的任务。然而，作为孩子成长道路上的引路人，家长的耐心和专注对孩子的影响至关重要。

耐心是一种美德，尤其是在育儿这条充满未知和挑战的道路上。每个孩子都是独一无二的个体，他们的成长速度和学习方式各不相同。面对孩子的错误和失败，家长不应急躁和指责，而是要有足够的耐心去理解、引导和倾听孩子的想法，等待孩子的成长，陪伴孩子渡过每一个难关。

专注则是家长在教育孩子方面必须具备的另一种重要品质。在孩子的成长过程中，家长需要专注于观察孩子的行为和需求、专注于理解孩子的内心世界、专注于为孩子提供适合他们的教育资源。在忙碌的生活中，家长可能会被各种事务分散注意力，但只有保持对孩子成长的专注，才能真正了解孩子，才能在关键时刻给予孩子最需要的支持。

那么，家长怎样才能在繁忙的生活中找到平衡点呢？

家长需要意识到耐心和专注是一种可以通过练习和培养而逐渐提高的能力。这不是一蹴而就的，而是需要时间的累积和持续的努力。以下是一些实用的策略，可以帮助家长在教育之路上保持耐心和专注。

自我反思：花时间反思自己的情绪和反应。当孩子的行为让你感到沮丧或愤怒时，深呼吸并问自己："我为什么会有这样的感觉？"通过自我反思，我们可以更好地控制自己的情绪，从而更加耐心地回应孩子的需求。

设定现实的期望：了解孩子的成长阶段和他们的能力限制。不要期望一个三岁的孩子能够像成年人一样行事。设定合理的期望可以帮助我们更加宽容和理解孩子的行为。

练习正念：正念冥想可以帮助我们提高专注力，减少压力。每天抽出几十分钟来练习，可以帮助我们更加冷静和集中精神面对育儿路上出现的挑战。

制订计划：有计划地安排时间可以帮助我们更有效地管理家庭事务和工作任务，确保有时间陪伴孩子，同时也有时间处理其他事务。这样一来，便可以减少压力，使我们更能专注于与孩子相处的时刻。

学会放手：接受我们不能控制一切，特别是孩子的行为的事实。有时候，放手让孩子自己去尝试和学习是最好的教育方式。这不仅能够减轻我们的压力，也有助于孩子建立自信和培养独立性。

寻求支持：与其他家长交流经验，或者寻求专业人员的帮助。这么做可以提供新的视角和策略，帮助我们在育儿的过程中保持耐心和专注。

保持健康的生活方式：良好的饮食、适量的运动和充足的睡眠对于保持精力充沛和情绪稳定至关重要。当我们的身体和精神状态良好时，更有可能保持耐心和专注。

通过实践上述这些策略，家长可以逐步提高自己的耐心和专注力，为孩子提供一个更加稳定和具备支持性的成长环境。耐心和专注不是一场速度竞赛，而是一场耐力赛。通过持续的努力和自我提升，家长可以成为孩子成长道路上的坚实后盾，陪伴他们迎接每一个挑战。

用开放式问题引导孩子表达

开放式问题是指那些不能简单用"是"或"否"来回答的问题。它们通常需要更详细的解释和描述，从而有利于引导孩子进行深入的思考和表达。例如，"你今天在学校遇到了什么有趣的事情"或者"你对这个故事有什么看法"都是典型的开放式问题。

小 C 是一个 10 岁的孩子，对足球充满了热情。一天，他沮丧地回到家，因为他在学校足球队的选拔中落选了。父亲注意到了他的情绪变化，决定利用这个机会教会小 C 如何面对挫折。

父亲坐在小 C 旁边，温和地问："今天看起来有点不开心，发生了什么事吗？"这是一个典型的开放式问题，它鼓励小 C 分享自己的经历，而不是简单地回答"是"或"不是"。

小 C 先犹豫了一下，然后讲述了自己没有被选入足球队的事情。他的父亲没有立即给出建议或者评判，而是继续问："你觉得是什么原因导致这个结果呢？"这个问题引导小 C 进行自我反思，思考可能的原因。

　　小 C 开始分析自己的训练态度、技术水平和团队合作能力。在父亲的鼓励下，他意识到尽管自己在技术上有所欠缺，但更重要的是缺乏团队精神。他的父亲又问："你认为有哪些方法可以改进这种情况呢？"这个问题促使小 C 从被动的"受害者"角色转变为主动的问题解决者角色。

　　通过与父亲的交流，小 C 决定以后更加努力地训练，同时主动与队友沟通，提高团队合作能力。父亲的开放式问题不仅帮助小 C 释放了情绪，还让他学会了如何分析问题并寻找解决方案。

　　在与孩子的交流中，开放式问题如同一把魔法钥匙，能够打开他们内心世界的大门，引导他们自由地展翅飞翔。这些问题犹如一缕缕阳光，穿透云层，照亮孩子心灵的角落；更如同一股股清泉，滋养着孩子心田上的每一株幼苗。

　　当家长提出开放式问题时，这仿佛是在为孩子搭建一个舞台，让他们在这个舞台上自由地展示自己，表达内心的真实想法。这些问题如同秋日里的落叶，飘落在孩子心田上，激发他们对生活的思考与感悟；这些问题如同冬日里的雪花，纷纷扬扬，带给孩子无尽的惊喜。

　　作为家长，我们应该在日常生活中多使用开放式问题，创造一个鼓励孩子自由表达的环境。这样，我们不仅能够更好地了解孩子的内心世界，还能帮助他们成长为独立思考和自信表达的个体。在亲子沟通的舞台上，开放式问题是一把神奇的钥匙，它能打开孩子内心世界的大门，鼓励他们自由地表达自己的想法和感受。

作为一种引导孩子表达的小方法，开放式问题的使用能够极大地促进亲子间的交流和理解。以下是一些实用的小技巧，可以帮助家长在日常对话中更好地运用开放式问题，激发孩子的表达潜能。

1. 营造安全的交流环境

确保与孩子的交流发生在一个无压力、安全的环境中。孩子需要感到自己的意见被尊重，即使是最古怪的想法也能得到倾听，这样他们才会更愿意分享内心的想法。在提出问题之前，确保我们已经给予孩子足够的时间和空间去表达自己，这表明我们对他们的想法真正感兴趣。

2. 适时提出问题

选择合适的提问时机至关重要。在孩子情绪稳定、有话想说时提出开放式问题，效果会更好。应避免在孩子分心或情绪不佳时强行提问，这可能会导致他们抵触沟通。

3. 鼓励多样化的回答

当孩子给出回答后，不要急于评价或指导，而是应该鼓励他们继续探索其他可能的答案。我们可以通过提问（如"还有别的方法吗"或者"如果你换一个方式会怎样"）来激发孩子的发散思维，从而激发孩子的好奇心和探索欲。比如，"你认为恐龙为什么会灭绝"这样的问题可以引发孩子对历史和科学的好奇。通过假设性的情境来提问，如"如果你有超能力，你希望是什么？为什么？"这样的问题可以帮助孩子培养想象力和同理心。

4. 避免引导性问题

尽量不要问那些预设答案的引导性问题，这会让孩子觉得你期望一个特定的回答，从而限制了他们的创造力。尽管我们希望孩子能够自由表达，但有时无意中提出的引导性问题可能会限制他们的思考范围。例如，"你喜欢这个故事里的小狗吗？"这个问题可能会让孩子感觉需要给出肯定的答案；而改为"你对这个故事有什么想法？"则会更为开放。

5. 练习耐心和持续的关注

记住，孩子可能需要时间来组织思维和语言。耐心等待，不要急于打断他们的思考过程。

培养孩子表达能力是一个长期的过程，需要家长的耐心和对孩子的持续关注。不要期望孩子一开始就能完美地表达自己，而是要通过不断练习，鼓励他们，帮助他们逐渐建立自信。

一起运动和户外活动

在大自然的怀抱中，家长与孩子一起进行的运动和户外活动如同一场盛大的节庆，充满了欢声笑语。这是一幅画，绘制着亲情的美好；这是一首诗，吟唱着成长的喜悦。在这个过程中，家长与孩子在户外的舞台上尽情舞动，共同感受着大自然温柔的拥抱。

户外活动是一束明亮的阳光，它将穿透云层，照亮家长与孩子的心田。在这束阳光的照耀下，他们的心灵得以舒展开来，如同嫩芽破土而出，勇敢地向着光明生长。阳光拂过他们的脸颊，温暖而亲切，那是大自然温柔的抚摸，让人心生愉悦。

阳光透过树梢，洒在泥土小径上，空气中弥漫着清新的草香。在这里，没有键盘的敲击声，没有屏幕的蓝光，只有亲子间最纯粹的欢笑和大自然的呼吸。当我们牵着孩子的手，踏进这片绿色的童话世界，我们不仅仅是在运动，更是在编织一个个难忘的回忆。

跑步、徒步、骑行……或是简单的追逐嬉戏，每一次户外活动都是一次探险。孩子的好奇心在这里得到满足，他们观察蚂蚁搬家，聆听鸟儿歌唱，感受风的轻拂和雨的滋润。而作为家长的我们，也在这个过程中，复苏了自己曾经拥有的童心。

运动不仅锻炼了孩子的身体，也培养了他们的团队精神和坚韧不拔的意志。当我们一起攀岩，或是在足球场上挥洒汗水时，我们在告诉孩子：生活就像这场运动，充满了挑战，但只要我们勇敢面对，就没有什么是不可能做到的。

在这些活动中，最宝贵的是那份陪伴。在孩子跌倒时我们向他们伸出的手，在孩子疲惫时我们对他们说出的鼓励的话语……这些小小的动作和言语，构成了他们心中最坚实的依靠。这份陪伴，比任何物质的奖励都要珍贵。它让孩子感受到家的力量，感受到爱的温度。

户外活动也是一种生活的教育。它教会孩子尊重自然、了解环境保护的重要性。当我们带着孩子种下一棵树，或是在河边捡起一片垃圾时，我们是在告诉他们：这个世界需要我们每个人的呵护。

家长与孩子共同参与运动和户外活动，不仅能够增进亲子关系，还能促进孩子的身心健康。然而，要养成这样的习惯，需要一些策略和毅力。那么，家长应该如何做，才能让和孩子一起运动成为家庭生活中的一部分呢？

家长需要认识到与孩子共同参与体育活动的重要性。它不仅能够帮助孩子建立良好的运动习惯，还能教会他们团队合作，培养他们坚持不懈的精神。

以下是一些实用的建议，可帮助家长养成与孩子一起运动和进

行户外活动的习惯。

设定固定时间：在家庭日程中安排固定的运动时间，就像安排其他重要活动一样，可以是每天的散步、周末的远足或每周的自行车骑行。

选择有趣的活动：选择孩子感兴趣的运动或户外活动，这样他们更有可能期待并积极参与这些活动。

全家总动员：将运动和户外活动作为全家人的集体活动，这样可以增进家庭成员之间的关系。

适度挑战：根据孩子的年龄和能力，选择适当难度的活动。适度的挑战可以激励孩子，并帮助他们建立自信。

鼓励自主性：鼓励孩子参与活动的规划和决策过程，如选择去哪里远足或者玩什么游戏。这可以增强他们的参与感和责任感。

强调乐趣而非竞争：确保活动的重点在于享受过程和共度亲子时光，而不是赢得比赛或者达到某个标准。

适应天气变化：不要因为天气不佳就取消计划，可以改为室内活动，如瑜伽、舞蹈或家庭健身挑战。

记录美好时光：通过拍照或录像来记录你们的活动，这不仅能够留下美好回忆，也可以在以后与孩子一起回顾这些快乐时光。

这样的习惯不仅能够让孩子从小养成健康的生活习惯，还能让他们在快乐中学会坚持并拥有勇气。每一次户外探险都是与孩子共同成长的机会，每一次汗水的流淌都是亲子情感的升华。

与孩子一起运动，不仅仅是在度过一段愉快的时光，还在孩子心中播下了一颗种子。这颗种子，关乎健康、关乎勇气、关乎爱，它会随着时间的流逝，慢慢生根发芽，开出绚烂的花朵。

在温柔的晨光中醒来，你和孩子相视一笑，决定今天要做些不一样的事情——一起走进大自然的怀抱，享受运动带来的乐趣和挑战。可是，如何才能让户外活动成为孩子的快乐源泉，而不是另一种形式的"任务"呢？

以下是一些富有创意且易于实施的方法，可以让亲子户外运动成为一段难忘的美好记忆。

1. 探险游戏

将户外活动包装成一场探险游戏。例如，设定一个故事背景（如成为宝藏猎人、探险家或拯救森林的英雄等），利用地图和指南针寻找标记点，每到达一处便要完成一个有趣的任务，成功后可获取一个小奖励。这种寓教于乐的方式能够激发孩子的想象力和探索欲。

2. 自然观察日记

准备一本笔记本，邀请孩子成为小小自然学家，让他们在徒步或骑行的过程中，观察周围的植物、昆虫、鸟类等，记录它们的特征、习性，甚至尝试画下它们的样貌。这样的活动能够培养孩子的观察能力和对科学的兴趣。

3. 家庭运动会

组织一个小型家庭运动会，项目可以是飞盘、踢足球、跳绳比赛或三脚跑等。通过团队协作和友好竞争，增进家庭成员间的互动和默契。记得为胜利者准备小奖品，哪怕是一颗棒棒糖，也能让孩子感受到成就感。

4. 野餐日

选择一个风景优美的公园或郊外地点，准备一顿丰盛的野餐。在享用美食的同时，可以开展一些简单的户外游戏，如丢沙包、拔河、捉迷藏等。这样的活动不仅能让孩子放松身心，也能教会他们如何欣赏和分享美食，还能教会他们如何在户外环境中自我管理。

5. 生态志愿者

如果孩子已经足够大，可以带他们参加社区的环保活动，如清理河流、种植树木等。这样的活动不仅有助于培养孩子的社会责任感，还能让他们了解到保护环境的重要性。

6. 星空露营

可以带上帐篷和睡袋，和孩子一起去郊外露营。在夜晚来临时，我们可以与孩子躺在帐篷里一起数星星，给他们讲述关于星座和宇宙的故事。这样的经历会让孩子对自然充满敬畏，同时也能增进亲子间的情感交流。

7. 摄影之旅

给孩子一台相机或使用手机的摄像功能，让孩子担任摄影师的角色。引导他们捕捉自然美景、动植物或是家庭的欢乐瞬间。回家后，可以一起观看照片，回忆户外活动的点点滴滴。

8. 徒步探索大自然

选择一个阳光明媚的周末，带孩子去郊外进行一次徒步之旅。

沿途可以观察各种植物和昆虫等小动物。这不仅能够锻炼孩子的身体，还能增长他们的自然知识，激发他们对大自然的好奇心和探索欲。

9. 水上乐园

如果天气炎热，我们不妨带孩子去水上乐园玩水。在这里，孩子可以尝试各种水上滑梯和游乐设施，享受清凉的水世界；家长可以陪同孩子一起玩耍，享受亲子同乐的时光。

通过这些户外活动，家长和孩子不仅能够共同锻炼身体，还能在互动中增进感情，让快乐的笑声成为彼此最美好的回忆。因此，当我们想要规划家庭活动时，不妨考虑一些户外运动，让孩子在大自然的怀抱中成长，让亲子关系在运动和欢乐中得以加深。

让我们一起放下手中的工作，暂时远离那些电子设备，带着孩子走进大自然的怀抱。在那里，我们可以找到最纯粹的快乐，可以听到最真挚的笑声，可以感受到最温暖的陪伴。在绿野的童话里，我们与孩子共舞，让孩子感受到生命的活力与力量，让这份美好的亲子时光成为我们生命中最宝贵的财富。

保持眼神交流和微笑

在亲子沟通的舞台上，眼神交流和微笑如同横跨心灵河流的桥梁，连接着家长与孩子的内心世界。这两座桥梁由信任的石板铺成、由理解的石墩支撑。它不仅承载着言语的交流，还传递着情感的交融。

眼神交流是一束柔和的光，它穿透心灵的表面，直达感情的核心。这束光如同晨曦的第一缕阳光，温暖而明亮，驱散了内心的迷雾；如同夜空中最亮的星辰，闪烁而神秘，指引着前行的方向。在这束光的照耀下，家长与孩子的心灵得以相互映照，彼此的存在变得更加真实而深刻。

微笑则是一缕温暖的风，它轻拂过心灵的海岸，带来了安宁与和谐。这缕风是春日的微风，轻柔而芬芳，吹开心中的花朵；是秋日的清风，清新而宜人，抚平心灵的涟漪。在这缕风的吹拂下，家长与孩子的情感得以相互传递，彼此的联系变得更加紧密而温馨。

温暖的早晨问候

小 A 是一个活泼好动的孩子，每天早上总是匆匆忙忙地吃完早餐，急急忙忙地去上学。他的父亲注意到了这一点，决定在每天早晨送小 A 去学校的路上，特意花几分钟时间对他微笑，与他进行深入的眼神交流。这个小小的改变，让小 A 感受到父亲的关爱和支持，他开始更加自信地迎接新的一天。

家庭作业的鼓励

小 C 是一个学习勤奋的女孩，但有时在面对困难的家庭作业时也会感到沮丧。她的母亲发现了这一点，便在小 C 做作业时，坐在一旁默默陪伴她。妈妈没有干扰她，妈妈在读自己喜欢的书，用鼓励的眼神和温柔的微笑给予小 C 支持。这种非言语的交流让小 C 感受到了母爱的温暖，她学习的动力也因此得到了极大的提升。

公园里的陪伴

小 D 是一个内向的孩子，不太愿意与人交流。他的父亲意识到这一点后，决定每个周末带他去公园玩耍，并在活动中多与小 D 进行眼神交流和送上微笑。这个简单的行为让小 D 感到了父亲的理解和接纳，他的社交能力逐渐提高，也更愿意与周围的小朋友进行交流了。

这些生活中的小细节表明眼神交流和微笑在亲子关系中的重要作用，它们不仅是爱的表达，还是信任和理解的桥梁。当父母用眼神和微笑与孩子进行沟通时，他们实际上是在告诉孩子："我在这里，我理解你，我支持你！"这种无声的支持往往比千言万语更能触动孩子的心。

在亲子沟通中，眼神交流和微笑是最自然、最强有力的非言语表达方式，它们能够传递爱意、鼓励和理解，增强家长与孩子之间的情感联系。

有时我们或许会忘记那些简单而又强大的力量，它们能够跨越言语的障碍，直达心灵的深处。其中，最具魔力的非眼神交流和微笑莫属。当这两样纯粹的情感表达落在亲子关系中，便成为连接家长与孩子之间最坚固、最温暖的桥梁。

在孩子的世界观里，家长的眼神充满了爱与安全感。一次简单的注视、一次深邃的眼神交流，有时比千言万语更能传递心中的温情。它像是一束无形的光，照亮孩子的心灵，让他们感受到自己被理解、被关注、被重视。

而微笑则是最直接的情感表达，它不需要任何语言的辅助，就能瞬间缩短心与心之间的距离。当孩子带着期待的眼神向我们展示他们的成就时，一个鼓励的微笑便足以让他们的内心充满自信和获得满足。在他们的眼中，这个微笑是对自己的认可，是对自己努力的最好回应。

想象一下，在一个阳光明媚的周末早晨，我们与孩子坐在公园的长椅上，不需要说太多，只是静静地享受彼此的陪伴。此时，我们轻轻地望向孩子，用眼神传递我们的爱意。孩子回以我们一个灿烂的微笑，那一刻，仿佛整个世界都安静了下来，只剩下相互间的默契和幸福。

在日常生活中，我们也可以有意识地增加与孩子的眼神交流，更多地对他们送上微笑。比如，在讲故事时，通过眼神交流来增强彼此的互动，让孩子感受到故事的趣味性；在孩子遇到困难时，给予一个安慰的微笑，让他们知道无论何时都有家长的陪伴和支持。

值得注意的是，眼神交流和微笑应该是真诚的，它们的力量源于真实的情感。孩子的感觉非常敏锐，他们能够察觉到家长眼神中的一丝忧郁或微笑背后的勉强。因此，当我们与孩子进行眼神交流或送上微笑时，我们需要确保这些行为背后是自己真心实意的爱和关怀。

然而，在日常忙碌的生活节奏中，家长往往忽略了这些细微却极为重要的交流方式。以下是一些具体的方法，可以帮助我们通过眼神和微笑与孩子建立更深层次的联系。

1. 倾听时刻

当孩子与我们分享他们的故事和感受时，全神贯注地倾听是关键。放下手中的工作，降低身体，尽量与孩子的眼睛处于同一水平线上。用我们的眼神告诉他们："我在听，你说的每一件事对我来说都很重要。"这表明我们对他们所说的内容感兴趣，并且尊重他们的想法。

2. 游戏互动

通过游戏来增加眼神交流的机会，如"眼神猜谜"游戏，可以让孩子通过我们的眼神去猜测我们在想什么或者我们将要做的动作。这样的游戏不仅提供了家庭生活乐趣，也能鼓励孩子观察和理解非言语的意义。

3. 早晨的仪式

每天早上起床后，与孩子共享一个温馨的早晨仪式，可以是一句简单的问候，如"早安，我的宝贝"，同时附上一个温暖的微笑。这个小小的习惯，可以让孩子感受到新的美好一天的开始。

4. 家庭晚餐

在吃晚饭时，鼓励大家放下手机和其他电子设备，用心享受家人之间的交流。用餐时，用眼神和微笑来表达我们对孩子的关心和对食物的赞赏。

5. 故事时间

在讲晚安故事时，让眼神交流成为亲子之间的一座桥梁。我们可以在讲故事的过程中，适时停下来，用眼神询问孩子的感受或意见，鼓励他们参与到故事中来。

6. 情感共鸣

当孩子遇到挫折或悲伤时，用我们的眼神和微笑来传达安慰和支持，让他们知道，无论何时何地，只要他们需要，我们就会在那里给予他们理解和帮助。

7. 正面反馈

在孩子做出好的行为或有所成就时，给予他们及时的眼神认可和鼓励的微笑比任何物质奖励都要来得有效。这种正面反馈会增强孩子的自信心，并鼓励他们继续保持良好的行为。

适时微笑：在对话中适时给予孩子微笑，这意味着一种鼓励，也意味着一种共鸣的表达。这会让孩子感到温暖，从而更愿意分享内心的想法。

表情丰富：使用我们的面部表情来回应孩子的情绪。如果孩子高兴，则回以笑容；如果孩子难过，则展现怜爱的表情。这样的镜像反应可以加深彼此情感的共鸣。

眼神游戏：可以通过游戏的方式教孩子学会眼神交流。比如，"谁能不笑地看对方"这个游戏，既有趣，又能增进彼此的眼神接触。

练习耐心：有时孩子可能不愿意进行眼神交流，特别是在他们感到害羞或不安时，这时，家长需要耐心等待，不要强迫，给予孩子足够的时间和空间。

身体语言配合：除了眼神和微笑，使用开放的身体姿态，如点头、轻触或拥抱等，也可以增强交流的效果。

保持一致性：在日常生活中保持一致的眼神交流和微笑习惯，无论是在玩耍、学习，还是在日常对话中，都要记得使用这些非言语的交流方式。

眼神交流和微笑不仅增强了我们和孩子之间的情感联系，还帮助孩子学会了如何用非言语的方式表达自己的情感。在这个过程中，我们不仅是在教孩子如何与人交流，也是在教他们如何去爱，如何去感受这个世界的美好。

在这些眼神交流和微笑中，家长与孩子共同编织着一个个美好的瞬间，如同画家在画布上挥动着色彩斑斓的笔触。这些瞬间如同夏日的流云，轻盈而悠扬，描绘出生活的诗意；如同冬日的雪花，纯洁而飘逸，点缀出时光的静谧。在这瞬间的交织下，家长与孩子的记忆得以相互珍藏，彼此的时光变得更加丰富而美好。

每一缕深情的目光和每一个温暖的微笑都是爱的传递，都是在告诉孩子："我在这里，我爱你！"

分享生活中的点滴细节

与孩子分享生活的细节，就像是在他们的心田上播撒种子，这些种子将会在爱与关注的土壤中生根发芽，长成茂盛的树木，为他们遮风挡雨，成为他们成长路上的坚实依靠。这些细节如同冬日的阳光，温暖而明媚，照亮了孩子的心房；如同春日的细雨，温润而轻盈滋养了孩子的心田。

我们与孩子分享着日常的喜悦，如同蜜蜂一起采集花蜜，酿成甜美的蜂蜜；我们与孩子分担着生活的忧愁，如同群鸟一起分担风雨，共同寻找避风的港湾。在这些点滴细节的分享中，家长与孩子的情感得以紧密相连，彼此之间得以深度沟通。

厨房里的小帮手

每当周末到来，小 E 的妈妈总会邀请小 E 一起进入厨房，享受烹饪的乐趣。从洗菜到搅拌面糊，小 E 都能在妈妈的指导下完成。在这个过程中，妈妈会跟小 E 分享食材的小知识，如不同蔬菜的营养价值，或是让面粉如何变成松软的蛋糕，等等。通过这些生活细节的分享，小 E 不仅学会了烹饪技能，还对食物有了更深的认识。

公园里的自然课

小 F 的父亲是一个热爱自然的人。每次去公园散步，他都会给小 F 讲解周围的植物和昆虫知识。无论是一棵老树的生长历程，还是一只蜜蜂采蜜的过程，父亲都能生动地向小 F 描述。这样的户外教学不仅丰富了小 F 的自然知识，也让父女俩的关系更加紧密。

晚安故事的时光

睡前，是小 G 和妈妈最期待的时刻，因为这是他们共享故事的时光。妈妈会根据小 G 的心情和兴趣给他讲述各种各样的故事，有时是童话书中的经典故事，有时则是妈妈自己童年时的趣事。这些故事不仅丰富了小 G 的想象力，也成了让他安心入睡的摇篮曲。

通过这些简单的日常，我们可以看到，与孩子分享生活中的点滴细节不仅能够增加亲子间的互动，还能够培养孩子观察生活、感受生活的能力。这些细节虽小，却能在孩子的心中播下爱的种子，让他们在成长的道路上感受到家的温暖和支持。

生活，不仅仅是宏大的叙事和壮丽的风景，还是由无数微小的瞬间组成的连绵画卷。这些点滴细节，如同散落在大海中的珍珠，等待着我们去细心发现、珍惜，并与孩子分享。与孩子分享这些看似不起眼的日常细节，不仅能够丰富他们的情感世界，还能增强亲子间的联系。

以下几个小方法值得尝试。

1. 早晨的第一缕阳光

在忙碌的清晨，我们往往匆匆地开始新的一天的生活。那么，不妨从现在开始偶尔停下脚步，与孩子一同欣赏早晨的第一缕阳光，感受它带来的温暖和希望。这样的简单行为能够让孩子的每一天都以美好开始。

2. 厨房的小帮手

让孩子参与到做饭的过程中，无论是洗菜、搅拌面糊还是摆放餐具，这些看似平常的工作都可以成为亲子交流的宝贵桥梁。分享食物的制作方法、讲述食材的来源，不仅可以增长孩子的知识，也能让孩子感受到参与家庭生活的快乐。

3. 路边的小野花

带孩子散步时，指着路边的小野花或是树上的新芽，讲述它们的生长过程，鼓励孩子观察自然界的变化。这种对大自然细节的关注能够培养孩子的观察能力和对生命的敬畏之情。

4.雨后的彩虹

如果雨后的天空出现了彩虹，可以邀请孩子一起观赏这一自然奇观，并分享关于彩虹的科学知识和文化故事。这样的经历能够激发孩子的好奇心和想象力。

5.晚安前的故事

睡前，给孩子讲一个我们童年的故事或者当天遇到的有趣事情，这个习惯不仅能够帮助孩子更好地了解我们，还能够在一天结束时创造一个温馨的亲子互动环境。阅读故事书时，我们可以分享自己对故事的理解，甚至鼓励孩子发挥想象力，编出新的结局，共同创作属于你们的故事。

6.收藏回忆的盒子

制作一个家庭回忆盒，鼓励全家人一起投入代表日常生活中特别时刻的小物件，可以是电影票根、公园的落叶、旅行的小纪念品等。在周末的时候，一起翻看这些收藏，回忆每个物件背后的故事。

7.观察日记

在日常生活中，与孩子分享那些平常却有趣的事物，如天空中的一朵奇特的云，或者一只看似忙碌的小鸟等。这样的分享能够激发孩子的好奇心和观察力。再准备一个小本子，与孩子共同写"我们的观察日记"，每天鼓励孩子记录下他们觉得有趣或者特别的事物，如一只蝴蝶的翅膀、一朵奇异形状的云朵或者妈妈笑容中的酒窝，然后一起分享这些发现，让孩子讲述他们的感受和想法。

8. 家庭相册

制作一个家庭相册或者电子相册，定期更新家庭成员共同经历的美好时光，可以是一次远足、一次生日派对或一次普通的家庭晚餐。让孩子自己选择照片，并鼓励他们为每张照片配上文字。这样做能够增强孩子对家庭成员身份的认同感。

9. 餐桌上的话题

用餐时间是分享一天中发生事情的好机会。可以设立一个"今天我发现"的小环节，每个人轮流分享自己当天注意到的一件小事，无论是工作中的成就、学校里的新鲜事还是路上遇到的小猫小狗。这会让孩子了解你的世界，同时也能教会他们从不同的角度看问题。

10. 周末的小探险

安排周末的家庭小探险，如去公园野餐或者郊外徒步。在这些小探险中，鼓励孩子注意周围的环境，寻找一些不同寻常的事物，之后与他们一起讨论这些发现。

11. 生活的艺术

鼓励孩子参与家庭装饰，如制作季节性的装饰品、DIY 家庭用品等。在这个过程中，孩子不仅能够学习到手工技能，还能通过创作表达自己的感受，从而增进家庭成员之间的情感交流。

12. 感恩的习惯

培养孩子感恩的习惯。每天睡前与孩子一起回顾一天中值得感激的事情，可以是一顿美味的饭菜、一次愉快的玩耍，或是一个温暖的拥抱。当遇到挫折或快乐时，可以与孩子分享我们的感受。这不仅能够帮助孩子学会识别和表达情绪，也能加深彼此的信任。

生活中的每一个小细节都蕴含着深刻的教育意义，当我们与孩子一同分享时，这些细节便成为我们与孩子连接心灵的桥梁。我们不仅与孩子分享了生活中的点滴，还教会了他们如何用心体会生活的美好。这些看似不起眼的细节，正是构成我们共同记忆的重要部分，是孩子成长道路上宝贵的心灵养料。

家长可以将生活中的点点滴滴转化为与孩子交流的话题，让生活中的每个瞬间都充满教育的意义和亲情的温暖。这样的分享不仅能够丰富孩子的生活体验，还能帮助他们拓宽视野，建立起对世界的深刻理解。

每一份小小的分享都是心灵之间的桥梁，每一次交流都是爱的传递，让我们一起用细腻的笔触，在生活的画卷上绘制出温馨的亲子时光，让孩子在点滴分享中感受到家庭的温暖与美好。我们对孩子的每一次分享，都是对生活的一次深入探索，是对幸福的一次真诚表达。